排 球

袁翠翠 编著

吉林文史出版社

图书在版编目（CIP）数据

排球 / 袁翠翠编著. -- 长春 : 吉林文史出版社,
2013.9（2023.6重印）
ISBN 978-7-5472-1710-8

Ⅰ. ①排… Ⅱ. ①袁… Ⅲ. ①排球运动 – 基本知识
Ⅳ. ①G842

中国版本图书馆CIP数据核字(2013)第225529号

排球

PAIQIU

出版人 张 强
主 编 南来寒
编 著 袁翠翠
责任编辑 王 新
封面设计 袁 野
出版发行 吉林文史出版社
地 址 长春市福祉大路5788号
网 址 www.jlws.com.cn
开 本 720mm × 1000mm 1/16
印 张 12
字 数 100千
印 刷 天津市天玺印务有限公司
版 次 2014年1月第1版 2023年6月第5次印刷
书 号 ISBN 978-7-5472-1710-8
定 价 59.80元

编委会

内容简介

排球起源于美国，发展至今已经成为一种风靡全球的运动。它作为运动量适中而又趣味性很高的一种运动，自发明以来，就受到了各年龄阶层的喜爱，在世界上得以快速广泛传播，目前已成为人们从事最多的运动之一。

本书以排球的起源、影响、技术、战术、比赛规则、裁判规则为主要方面多角度阐述这种时尚、有趣、对人们的生活有着积极影响的运动。运用流畅轻快的笔调、清晰准确的图片，让您在轻松愉快的氛围中进行一次排球健身。

排球大盘点

- 你知道排球最早产生于哪里吗？
- 是不是每个人都适合打排球？
- 练排球时，一般会受什么样的伤？受伤了该怎么处理？
- 你知道哪些排球比赛时的精彩动作？
- 那些已经被人们遗忘的排球名将，你都知道吗？

目录

第一章　你了解排球吗

第二章　排球近距离接触

第三章　走进排球的世界

第一章

你了解排球吗

排球起源知多少

现如今，排球作为一种健身运动，因其随意性以及全面性而深受人们的喜爱。而其中的沙滩排球更像是一匹黑马，虽然起步较晚，但却以一种后来者居上的姿态紧紧跟上甚至是超过了排球，达到风靡全球的影响效果。

在我们打篮球时，往往需要有一些球篮等，这就需要找到专门的运动场所；再例如足球运动，我们不需要去找球篮，但是足球需要的场地是比较大的，而且需要在场地的两端有比较大面积的球网。这就给很多的爱好者带来了不便，让他们的一腔热情仅仅能够想之了了，毕竟这些条件都是不容易满足的。

在进行排球运动时，我们不需要去刻意地寻找场地，一片空旷的地方就足够了，对于处在中间的球网，更是容易解决。在我们打羽毛球时，往往只是在中间画上一条线，这样我们就可以尽情玩耍，同样地，排球亦可以如此。

同时，排球的运动量也不是特定的，因此，我们完全可以根据个人不同的体质、性别、年龄等对自己运动量随时做出更改，选择最适合自己的训练方式。正是基于以上的几点原因，排球受到了越来越多人的关注。而在不少的比赛中，一位位排球名将亦是凭借自己的技巧、力量与精神一次次打赢对手，赢得比赛，给自己或者地区，甚至是国家带来荣誉。

作为比赛的观摩者，我们只是了解排球的运动方法，钦佩运动健儿的技巧和精神，而关于排球的起源，我们又了解多少呢？

早在 1895 年时，一位从事推广各项体育运动的美国人威廉·摩根，长时间指导他人锻炼，在这个过程中他慢慢意识到了一个很实际的问题，那就是并不是所有的人都能适应同一种运动。当时颇为流行的篮球运动，虽然能锻炼身体，能够极大程度训练运动者的反应能力以及跳跃能力，但他通过观察后发现，篮球运动虽好，但却存在着很大一个缺陷。

威廉·摩根认为篮球这项运动过于激烈，相比较而言，它更适合于精力以及体力都比较充沛的年轻人，对于青年人而言篮球无疑是一种很好的锻炼方法。但是对于老年人来讲，由于年龄以及体质等方面的原因，在进行这项运动的时候，或者会因为运动强度过大，对老年人的身体健康造成影响，造成适得其反的结果；或者在锻炼的时候，老年人因为担心着自己的身体，不敢全身心投入锻炼当中，打篮球时畏首畏尾，达不到训练应有的效果。足球运动也是存在着同样的问题。而且足球的运动场地比较大，来回奔跑的时间较长，并且对于老年人来讲，体力耗费会比较大。

相对而言，网球和羽毛球等运动便不存在这样的安全问题，但是它们的运动形式和比赛的规则直接限制了参与的人数，如此便少了很多运动的乐趣。同时，因为它们运动形式过于温和，很少能够达到我们参加运动的目的，所以这两项运动同样不能让人满意。

在发现了以上的问题之后，摩根认为，不同的人应该根据自己的身体状况选择适合自己的训练方法。可是什么样的运动能够使不同的人都能参与，却又能够同时保证运动的质量呢？他思索着，于是，不久之后一项新的球类运动应运而生，它结合了当时棒球、网球、手球以及篮球等众多运动，却又完全不同于这些已有运动。它避免了像篮球那样的肢体接触，而同时保证了充分的运动，这也就是我们今天所见排球的雏形。

最开始时，摩根在经过考虑之后，适当地升高了网球的球

网，多人用手隔着球网直接打球，但是网球毕竟太小了，很不容易拍打到。

于是他改用一个篮球的球胆当作球使它在网球场上飞来飞去，不得落到地上，这就形成了最初的排球运动。此时，排球仅仅是一种消遣娱乐性质的活动，没有比赛输赢，仅仅是大家闲余时候的一种休闲娱乐。运动时，对战双方的人数、球的大小以及比赛时的分数记法都没有明确的规定，但即使是这样，人们仍然乐此不疲地玩着。

后来，摩根渐渐发现篮球球胆的重量似乎太轻了，飞起来飘忽不定，这就带来了很多的不便。

在这之后，威廉·摩根便尝试用篮球替换篮球的球胆，于是旧的问题算是暂时解决了，但是随即新的问题又产生了。篮球太过沉重了，这就直接导致它飞起来很是缓慢，隔网击打时也有诸多不便，玩者也容易受伤，同样不能达到他所想要的运动效果。

最后，该市的某家公司在经过多方面因素考虑之后试着做出了一种新的球，它的外表为皮质材料，圆周长在 63.5 ～ 68.6 厘米，重量在 255 ～ 346 克，并在里边装上了橡皮球胆，这样便解决了之前所遇到的在重量以及安全等方面的问题。在经过了多次的试验之后，这种球被证实有非常理想的使用效果。于是第一代排球就这样产生了。

没有规矩不能成方圆，如果只是有了排球而没有确定的规则，那么这项运动是不可能很好地持续发展下去的。于是，世界上的第一个关于排球的竞赛规则也就很自然地应运而生了，这便是摩根于 1896 年发表在美国《体育》杂志上的世界第一个关于排球竞赛的规则。随后不久，排球的首届表演赛在春田专科学校正式举行，这也表示着排球正式步入了比赛的行列。并且因为在整个比赛过程中排球不得落到地上，人们又称之为“空中的球”，经翻译之后，这项球类运动被正式命名为“volleyball”，至此，排球运动真正形成了。

在 19 世纪末 20 世纪初期，随着各国文化的不断融合，这项运动慢慢地由美国先后传到了美洲、亚洲和欧洲等世界各地，排球运动开始蓬勃发展。西方文化亦是伴随着东西方文化的融合，渐渐传到了中国。不少的竞技性体育运动也在中国不断发展开来，渗入当时人们的生活当中。当时盛行的排球运动当然也不会例外，在1905年时，排球作为“队球”正式传入我国，深得大家的喜爱。

不断发展的排球

❖ 排球在世界

万事都在不断地发展，排球亦不例外，现在就让我们一起看看排球自产生的一百多年以来是如何一步一步发展的。

最初的排球运动是很简单的，没有任何竞争意味，仅仅是作为一种健身运动，供人们在闲暇之时消磨时光、锻炼身体。人们把它当作一种娱乐活动，隔网拍打，时而打闹，并以此为乐。渐渐这项娱乐性活动便像其他的运动一样了，慢慢向着竞技方向转化，但游戏者之间并没有达成统一的协定，也就是说，此时的排球虽然已经初步具有竞技比赛的模式，却并没有确定的组织、规则和制度，一切都只是盲目的，这个状态一直持续到1947年4月国际排球联合会的成立。而在此之前不久，法国与波兰的排球代表曾聚集在布拉格，与其他排球代表一起倡议成立国际排球联合会。

在联合会成立之时，国际排联宪章与第一任主席也确定了下来，法国的保尔·黎伯成功当选为第一任排联主席。同时，会议指定了法国巴黎为总部所在地，考虑到众多国家代表一起交流时在语言沟通以及文字表达等方面存在着障碍，国际排联同时将英语和法语确立为工作语言以解决这个问题。至此，在国际范围内统一使用的排球竞赛规则便正式产生了。排球这项运动也算是正式步入了竞技时代。

在国际排联的组织领导下，排球运动开始飞速发展。经过一系列的世界级赛事之后，在20世纪80年代这项运动终于进入了现代排球阶段，向着社会化、商业化和职业化的方向发展。

或许在读到这段的时候，你会感觉到很奇怪了，既然排球最早发源于美国，为什么美国却不是这个组织的倡导者呢？这里面的原因估计便是美国在对待排球时的态度了。长期以来，美国仅仅把排球当作一种休闲娱乐，并没有把它当作一种竞技比赛项目，一直以一种随意的态度任其发展。不过这也并没有阻碍美国排球在这之后的发展，经过后来的努力，美国亦在世界排坛诸强中取得了一席之地。在2004年，美国女排盛情邀请了中国排球名将郎平出任教练，自此以后美国女排战绩更加辉煌，在2007年更是在世界杯赛上一举打败了作为东道主的日本队，取得2008年奥运会的参赛资格并最终获得了一枚珍贵的银牌。

郎平是我国排球队的一位著名运动员，曾为我国夺得了数次荣誉，并且以独特的强劲而精确的扣杀技术为自己赢得“铁榔头”的称号。她在 1980 年入选第二届中国体育劳伦斯奖十佳名单，1984 年获全国“三八红旗手”。2004 年她出任美国女排教练，带领美国女排取得了前所未有的骄人成绩，2008 年时，

她表示更希望多多陪伴家人，将不再带领美国女排征战伦敦奥运会。2012 年 9 月 16 日中国女排教练俞觉敏去职之后，在 2013 年 4 月 25 日，郎平正式挂帅中国女排。

排球不断向着全民运动的方向发展，变得愈加成熟，是排球完成了从娱乐走向竞技，又从竞技回到娱乐的发展过程。在 1964 年的第十八届日本东京奥运会上，排球作为一项新的竞技内容首次亮相奥运会。

现如今，在众多国家、众多排球爱好者的共同努力之下，国际排联逐步发展，日渐壮大，并且至今拥有了 200 多个成员国，

已经成为世界范围内规模最大的单项运动协会之一。同时我们也相信排球这项运动在以后会更进一步普及与发展，赢得更多人的青睐。

❖ 排球在中国

在前面我们提到，19 世纪末 20 世纪初时，排球运动跟随其他文化一起传入亚洲。在排球刚刚传入我国时，结合我国人数较多的实际情况，最初采用的是十六人制排球，在依次经过了十二人制、九人制之后，为了更加适应国际化的比赛，我国才开始学习六人制排球的规则和技术。

有些人考证说排球最早出现在我国是在 1905 年，那时排球仅仅在广州、香港等几个中学里开展，并被称作“队球”，在大家闲暇时作为聚会或是娱乐的项目，并没有正式列入比赛。

随后，其他一些位于我国华南、华东以及华北地区的城市也逐渐开展起这项运动。1913 年，第一届远东运动会在菲律宾举行，我国首次派出运动员参加了这种国际化排球比赛，掀开了我国排球历史的新篇章。

广东籍参赛选手许民辉在这场运动会之后，积极地向人们宣传并推广排球运动，使更多的人了解了排球这项运动，排球运动也因此而飞速发展。一年之后，在广东省出现了许多具有实力的排球运动员和球队，并由他们自发组成了我国首个排球联合会。我国人民也因为这次运动会的举行对排球运动产生了极为浓厚的兴趣，各式各样的排球运动在全国各地飞速发展，并在 1914 年，男子排球正式成为全国运动会的一个比赛项目，自此排球运动更是势如破竹地发展起来。

实力雄厚的男子排球队在第二次参加远东运动会时便取得

了当届比赛的冠军，之后男排亦是佳绩不断。我国女子排球相对而言起步就比较晚了，但是仍然发展较快，自 1923 年参赛后，连续 5 次获得了远东运动会的亚军。直至今天，中国女排也依然是一个非常优秀的团队，在 1981 年到 1986 年的各项赛事更是创造了“五连冠”的佳绩。

之后由于种种原因，中国女排近 20 年未曾结缘奥运冠军。2003 年的世界杯中，中国女排以 11 场连胜的绝对优势摘得了阔别 17 年的世界冠军，在第二年的雅典奥运会中奋力而战，一鼓作气地战胜了强大的俄罗斯队，摘下了这枚分量沉重的奥运金牌。

今天，凭借着“团结协作，顽强拼搏”的女排精神，中国女排一次又一次地在国际赛事中让中国人扬眉吐气，在国际排球领域更是占据着不可替代的重要位置。

❖ 软式排球

在 20 世纪 80 年代的日本，软式排球作为一种新的排球运动出现在山梨县，并且因为它有更轻的重量、更大的体积、更柔软的制作材料，以及不伤手指等突出特点，很快就受到了当地老年人和儿童的喜爱。成为中老年人健身娱乐的最爱，并且迅速地普及到了日本的众多中小学校。

1988 年 2 月，日本的排球协会首次制定了关于软式排球的竞赛规则，并于 1993 年 4 月单独成立了“日本沙滩软式排球协会”，这也表示着软式排球在日本全国范围内得到了普及，

之后便向着其他国家继续发展和推广。1995 年 8 月，我国正式引进了软式排球。

自 2000 年至今，软式排球在我国蓬勃发展，尤其是在各大高校以及中小学中，各类关于软式排球的比赛都被有计划有组织地开展着，并且受到了众多学生的喜爱。

下面我们来介绍一下软式排球的特点：它由柔软的橡胶作为材料而制成，重量大致为 210 克，周长 66 厘米。同样，软式排球也分为游戏和竞赛，在玩耍时，因为软式排球的制作特点，它的球体比较柔软，重量更轻，气压也小一些，在击球时，能够更好地保护我们游戏者的手指不受伤害，不容易挫伤手指。并且，相对于之前的皮制排球运动而言，软式排球的飞行速度更慢，所以它更不容易落地，给了运动员更为充裕的时间，因此增加了运动的趣味性，也更适合于老年人和儿童。当然这并不是说青年人不可以接触软式排球，这

里所说的更适合，是指对于这类人群而言，软式排球更加适合他们。对于自己选择哪类排球进行运动，我们完全需要根据个人的体质和爱好进行选择。

软式排球的一个优点就是它的运动规则更为简单，人们在比赛和运动时少了更多的束缚，也增大了运动的自由程度。

❖ 沙滩排球

在20世纪20年代美国加州的莫尼卡，人们经常会在沙滩上头顶着蔚蓝的天空，脚下踩着柔软的沙滩，在白云之下进行

排球运动，尽情地玩耍和跳跃，肆意体会汗流浃背的痛快。这样的排球运动可以让人们尽情地跳跃而无须担心因为跌倒而受伤。当然这样的前提是在进行运动之前，我们已经确定了在进行运动的区域内有足够厚度的沙，并且里面没有石子和贝壳等杂物，这样我们就可以在沙滩上尽情地玩耍了。

在沙滩排球中，对运动装备的要求就更少了，运动员只需要在沙滩上选取一个合适的地点，架上一个球网，然后再换上能让自己玩得痛快的泳装就够了。

在沙滩排球发展的开始阶段，它同样只是作为一种娱乐活动。相比于以往的排球运动而言，沙滩排球在娱乐时少了很多束缚，不必担心在运动场地上会受伤，给人们以更加广阔的运动空间，更能让人们在运动中得到放松，减轻生活和工作中的

压力，并且更加贴近于大自然的气息，也正因如此，沙滩排球很快就得到了人们的认可，在美国迅速发展起来，并在20世纪50年代时成为当地最受欢迎的时尚生活方式之一。

沙滩排球不断发展，随后便在世界范围内展开并广受欢迎，世界影响力也日趋增大。20世纪90年代初期时，沙滩排球已被正式定为奥运会比赛项目，向着商业化和职业化的方向发展，进入了一个新纪元。

放眼当代，在沙滩排球的这一领域，巴西和美国这两个国家无论是在运动的普及方面，还是竞技水平方面，都毋庸置疑地处在世界顶端水平。同样，其他的国家也在继续努力着，向着更好的方向发展。

我国开始沙滩排球的时间比较晚，直至1994年时，我国的排球协会才首次举行了全国性质的沙滩排球比赛，将沙滩排球正式列为国家体育运动的一个比赛项目。但这并没有阻碍我国沙滩排球的发展，在这短短的几年中，我国沙滩排球参赛团队的规模越来越大，成绩也愈来愈好。如今，我国的沙滩排球已经在世界上占据了举足轻重的地位，并仍然在不停地发展。

排球运动中必须要遵守的规则

排球运动经历过娱乐性阶段之后，伴随着它影响力的增长，被确定为国际赛事的一个比赛项目，关于排球的一些比赛规则等也就应时而生。那么，排球运动的具体规则到底是怎样的呢？

首先是比赛场地的规格。在我们常见的国际化排球比赛中，场地一般是长 18 米、宽 9 米的长方形，它的边线以外至少有 5 米的无障碍区，端外线要保证宽度在 8 米以上，同时比赛区域自地面算起至少有 12.5 米的无障碍空间，这样才能充分保证运动员的安全性以及比赛的顺利进行。在排球比赛中，场地分为比赛场区和无障碍区，分别被设置成为两种不同的颜色，由宽度为 3 厘米的白色界线分开。场地在中间由一道宽为 1 米，长为 9.5 ～ 10 米的黑色球网隔开（男排与女排的球网高度不同，男排为 2.43 米，女排为 2.24 米）。

标准排球场平面图（比例1：200　单位：mm）

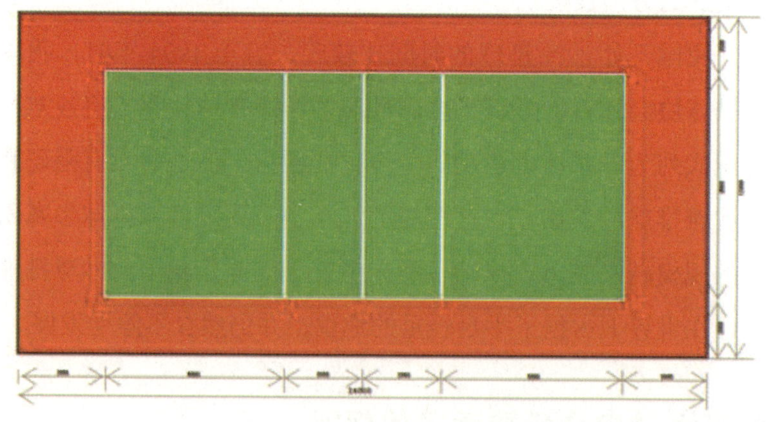

关于正规排球比赛中的排球规格也是确定的，在一些大型的赛事中，排球的规格都要经过严格的检查，主要包括以下几方面：

首先，排球必须保证是圆的，表面是柔软的皮革或人造皮革，内部是橡胶或类似材料。关于排球是不是圆的，我们可以用这样一个非常简单的方法来判断，将排球旋转着向上抛出，使它在空中保持自转的状态。此时我们仔细观察，如果看到排球旋转时的外形仍然是圆的，那么我们就能大致判断出排球很圆了，虽然这种方法并不是非常的精确，但是对于业余爱好者

而言，根据这点已经能够大致判断了。

其次是球的颜色。在比赛中,举办方一般会选择由 18 块黄、蓝、白三色皮革组成的排球。同时排球内部的气压应该保持在 0.3 ～ 0.325 千克每平方厘米，同排球是否够圆一样，我们在这里也给大家介绍一个简单的能够大致判断排球气压的方法。将

排球举至与肩膀同高，放手使其自然落下，观察球反弹的高度，若球能够达到略高于我们膝盖的位置，我们就可以认为这个球的气压适宜。

通过前面几段的介绍，相信大家对排球比赛的场地以及排球的规格都有了一定的了解。那么，人员的分配又是怎样，运动员在比赛中应该注意的事项又是怎样的呢？

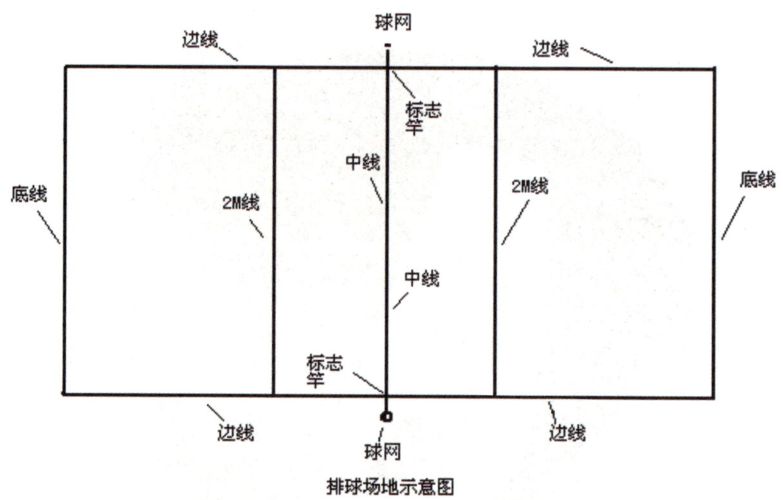

排球场地示意图

在比赛开始时，对战双方各自派出 7 名队员站在球网的两边。在这里我们需要特别说明一下，在我们所看到的比赛中，一般只能在场上看到每队 6 个人，这是因为在上场的 7 个人中，包含了 2 名主攻，2 名副攻，2 名二传和 1 名自由人。上场之后，将会有 1 名副攻下场，而当轮到副攻发球的时候，副攻上场，自由人下场，所以在赛场上，我们一般会看到 6 名运动员。

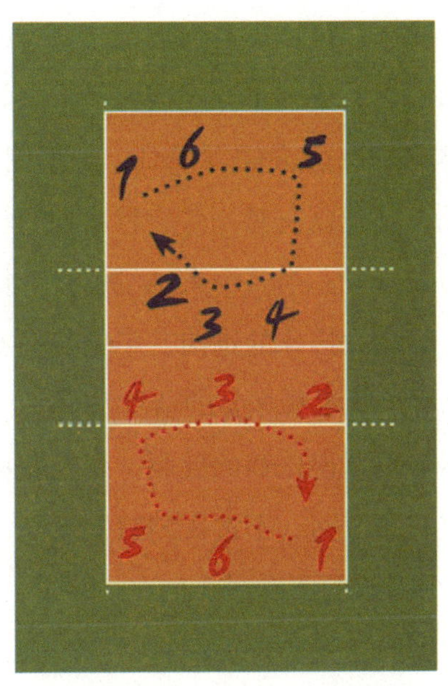

在排球比赛的时候，比赛双方各自站到球场的一方，根据每个人的不同长处，将场地按顺时针方向分为1—6号位，每名队员都有自己的特定位置，最大限度做到优势互补，发挥场上每个人的优势。当有一方队员发球后，双方可以用自己身体的任何一个部位去击打排球，使其不落地。

在比赛中，同一名队员不能连续两次击打排球，也就是说，当一名队员击打过一次排

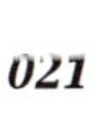

球之后，如果不能保证排球飞过球网到达对方的领域，就需要及时给旁边的队员让出地方了，这需要队员之间有着极为默契的配合，当排球出现在己方的领域时，既不能全部堆到一起，造成其他地方无人，难以应对一些突然出现的状况，也不能只让一人单枪匹马去应对。当一个人已经击打到排球，其他的人不能立即离开，要注意排球的走向，毕竟我们不能完全把握球的路线，难免会有一些意料之外的情况发生。

我们无一不希望赢得比赛的胜利，总是会尽自己最大的努力去使球飞过中间那道网，不过规则就是规则，规则之中会有很多限制。当这个团队的所有成员加在一起击打了三次球之后，不管球是否越过了网，只要是他们再击打一次，就会被裁判判为四次击球违例。同时，任何队员都不能触及球网，这也是对运动员的一种保护了，并且保证运动员的水平能够得到正常的发挥。

相似的规则还有很多，例如，站在后排的队员不可以在前排的限制区域内进行类似扣球、拦网等攻击性动作。在发球时，同队队员不能做出晃动手臂以及移动身体等动作，以免干扰运动员发球。

同篮球等运动项目一样，排球不能在运动员身体的任何一个部位停留太长时间，违反了这条规则就会被视为持球违例，并且运动员一定要保证是击球，而不是其他的抓、掷和捞等动作。

除了动作方面的要求以外，排球在赛制等方面也有着严格的要求，在我们常见的大型赛事例如奥运会当中，大多使用的是 5 局 3 胜制，在前边的 4 局比赛当中，当有一个团队最先得到了 25 分并且领先了对方至少 2 分时，当局结束，进行到下一轮的比赛中去。在有些双方实力比较悬殊的比赛中，有些团队往往在前三场三战三捷，大胜对方，这样比赛就没有继续进行的必要了；若是在前四局的比赛中双方旗鼓相当，打成了 2 ∶ 2 平局，那么比赛双方就要进入决定命运的决胜局了，决胜局不同于前四局，它采用的是 15 分制，没有最高分值限制，

当某一队率先取得了 8 分，双方交换场地继续比赛，直到某一队先得到 15 分且领先对方 2 分以上，比赛结束。

在沙滩排球中，运动员的发球次序依然有着严格的规定，若记录员在比赛过程中发现发球次序出现错误，会及时通知裁判员，进行改正。沙滩排球的最大击球数同普通排球一样，都是三次，不过拦网

时的触手也算是一次击球，并且在第三次击球时必须保证将排球从球网的上空打回到对方的比赛场地。队员在进行上手传球时，必须保证传球的轨迹不与双肩之间的连线垂直，否则即为犯规。在这里我们特别介绍一下，我们所说的传球是在排球运动中的一项基本技术，主要适用于进攻和衔接防守，传球的种类有很多，不过向前传球是传球中的一项最基础的动作，每个排球运动的初学者都必须要过这一关。并且在传球时大都有固定的手形，击球点在运动员额头前往上大致一球的距离上方，以此保证在传球时有正确的手形，能够在同一个位置发出不同方向的球。

在比赛的过程中，每一方的队员都有请求休场的机会，当某一方队员非常疲劳时，有权利申请休场，教练也可以根据现场的实际情况，适时地申请，以便对自己的运动员及时做出指导。当然了，每一方队员申请休场的次数都是有限的，仅仅有4次机会请求暂停，而每次的暂停时间仅为30秒，不管是教练还是运动员都懂得这些机会的重要性，不到关键时刻不会提出休场这个要求。

如果有运动员在比赛的过程中受伤，裁判员会根据现场实际情况给予运动员 5 分钟的休息恢复时间，若在 5 分钟之后运动员仍然没有恢复，不能继续进行比赛，那么当场比赛会因为该方阵容的不完整而宣布该方失败，比赛结束。与此同样的还有，在同一局比赛中每名队员最多拥有 2 次的恢复时间，超过则会得到前边所介绍的结果。

第二章

排球近距离接触

了解你的身体做出正确评价

“身体素质”这个词语相信大家都不陌生，在我们的日常生活当中，经常会听到别人说，谁的身体素质特别好，跑完很长一段路程之后，跟没跑没什么两样。这就是身体素质好的一个表现。不过，这只是其中一个方面，在这里所说的身体素质主要是说肺活量这一方面。当然“身体素质”还有其他的许多方面，在本章节中，将会为你做出大致的介绍，让你对自己的身体有更进一步的了解。

在一些专业性质的杂志中有过这样的论述：身体素质是指人体在进行体育运动、劳动和日常活动时，在中枢神经的调节下，各器官系统所表现出的各种技能的能力。同样，力气、速度、

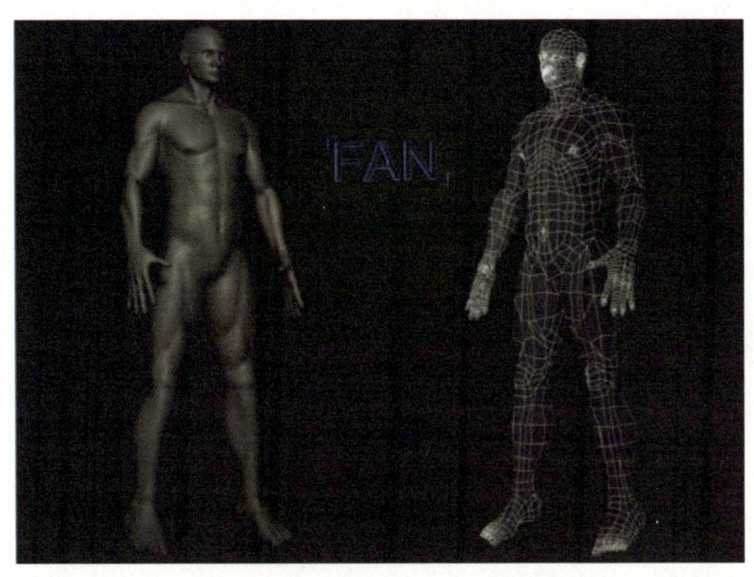

耐力、灵敏度、柔韧性等，这些也属于身体素质的范畴。那么你的身体素质又是怎样的呢？你对自己的身体了解吗？

在我国各大高校中，基本每年都会有一次体育健康达标测试，在测试当中，老师对学生的身高、体重、握力、肺活量、立定跳远（或 50 米跑）、台阶试验（或女子 800 米、男子 1000

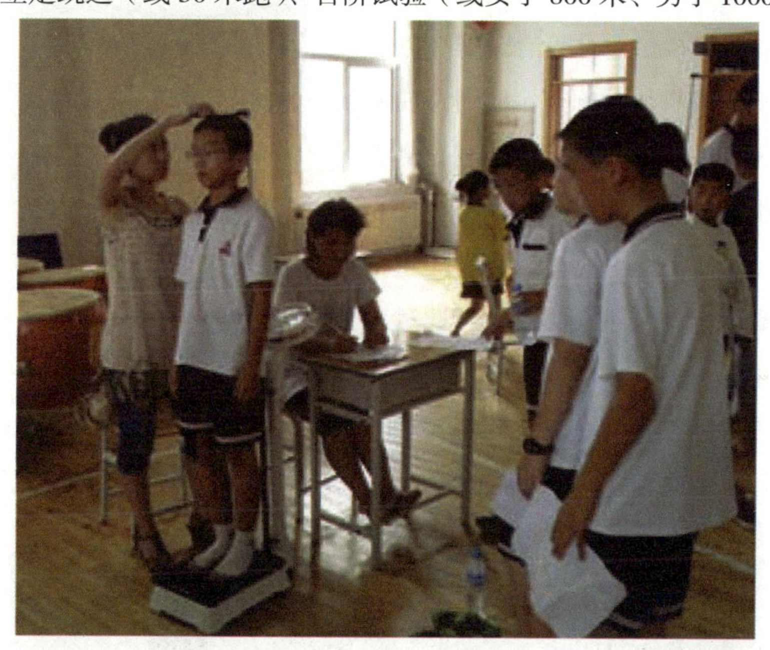

米）等几个方面做出评估，同时将成绩计入学生成绩当中，从某些方面来讲，这就要求在校学生不得不重视体育运动。这对学生的身体素质有很好的促进作用，也是对我国学生身体素质的一种重视。

在前面所说的一些测试项目，各有各的意义。我们测量学生的身高和体重是为了进一步计算身高与体重两者之间的比例

关系，测量时，被测者以立定的姿势站立在测试器的踏板上，躯干自然挺直，保持上臂自然下垂，脚跟并拢，两脚尖分开约60度角，以厘米计量并且精确到小数点后面一位数字。通过测量评价出学生的身体发育情况，以及营养及身体匀称度。同时，我们还可以从中间接地了解到被测学生的身体成分。

电子握力计

测量握力时，以握力体重指数为标准来进行评价，在此过程中，被测者依然保持自然直立的姿势，双臂下垂，一只手全力紧握握力器，此时显示器上会显示出相应数字。一般在测量时，会进行两次测量，然后取其最

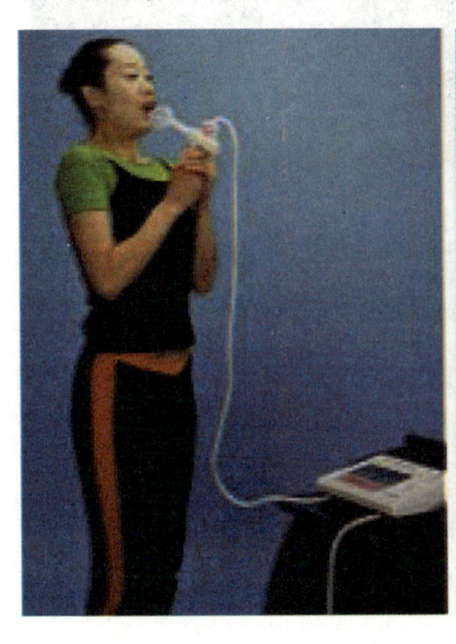

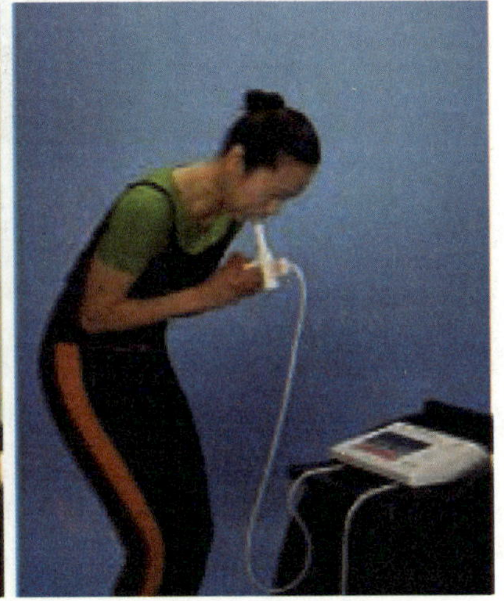

大值进行计算和评价，计算时相关人员用握力与体重的 100 倍做商，求得握力体重指数。这项测量主要测得被测者的肌肉静力最大力量，反映手部的肌肉和前臂的力量，也是反映总体肌肉力量的一个重要指标。

关于肺活量大家更加不陌生，在本章的前面就已经说过了肺活量的一种表现形式，不过这只是肺活量大小在我们日常生活中的体现。在其他一些时候，我们在测量时，往往会采用更加专业的测试方法。就目前而言，我们最常采用的是电子肺活量测试仪。测量时，被测者深吸一口气之后对着干燥的塑料吹嘴慢慢呼出（塑料吹嘴已经过消毒，并且是一次性使用），直至最大限度。在休息 15 分钟之后再次测量，共测量两次，并在两次中取测量的最大值进行记录，之后测得肺的容积和扩张能力，以此对人体的呼吸系统机能做出评价。

立定跳远就更是大家所熟知的了，我们经常在体育考试中见到，并且在测量时可谓是几家欢喜几家愁。有些人轻轻一跳便能跳出很远，但也有些人不管怎么练、怎么使劲都不会很远，甚至都不能及格。所谓的立定跳远，是指被测者采用不经过助跑而从立定姿势直接起跳的运动。落地之后双脚不得再次起跳，同时测定距离以最近处为准，测量与起跳位置的垂直距离，若被测试人员在测试过程中向后跌倒，测试距离以手扶地处为准来计算。在这项运动中，我们常常三次测量取其最大值。立定跳远成绩的好坏往往能够很好地测定我们向前跳跃时的下肢肌肉爆发力的大小，而爆发力的大小以腿部的力量为基础，同时与速度相结合，共同决定爆发力的大小。那么，在测试立定跳远时，我们应该怎样才能跳得更远呢？

立定跳远分为预摆、起跳、腾空和落地 4 个部分。首先，在预摆时，将两只脚分开一段距离，保持与肩同宽（当然具体的宽度还有是否要分开，这些都要根据个人的习惯而定，有些人或许更倾向于双脚并拢），双臂向前向后摆动，并且当手臂向前摆时，两腿配合着伸直；向后摆时，双腿屈下，使自己的重心降低，并且上体稍微向前倾斜。

其次，在起跳和腾空时，双脚需要快速而有力地向后蹬地，双臂配合向前弯曲并完成从后向前上方摆动，腾空时充分展体。

最后一个是落地缓冲阶段。这时我们需要收腹提腿，小腿尽力向前伸出并且两只手臂也要用力向后摆动开来，手脚配合，共同完成落地缓冲的过程。在这个阶段我们需要特别把握小腿向前伸的时机，否则极有可能会向后倒去，这样我们的成绩就会受到严重的影响。

台阶试验是一种非常简单地了解被测人心血管系统机能的方法，在这项测试当中，男生用高度为 40 厘米、女生用高度为 35 厘米的台阶，被测者在跟随节拍器的节奏完成测试之后进行脉搏数的测量。观察者通过对被测者持续运动的时间以及心率恢复速度的记录，正确评价心血系统的机能。

当然关于身体素质的测量还会有很多方面，也有很多种方法，我们在此便不再一一做介绍了，并且就不同的年龄阶段以及不同性别的人而言，根据其体质特点的不同，我们测量和评价的标准也是不一样的。在测量时，我们往往需要根据自己的实际情况而选择适合自己的测量方法，选择适合自己的评价标准，最后对自己的身体做出正确的评价，在一些必要的时刻，我们还可以向专业人士进行咨询，借助他们的帮助认识清楚我们的身体，了解自己的健康状态。

如何做好一名优秀的排球爱好者

介绍完了身体素质在评价时的一些基本标准，我们也对自己的身体有了更进一步的了解。那么要想成为一名优秀的排球爱好者，我们又需要具备哪些身体素质呢?

不得不说，无论在什么情况下，一个人的天赋都在他成功与否的道路上发挥着非常重要的作用，一个人若是有比较好的天赋，那么在与他人竞争时，天赋无疑是一块垫脚石，大大地缩短了他与成功之间的距离。不过一个人的行事作风以及后天的培养也都是我们成功不可或缺的重要组成部分。专业的排球运动员在训练的过程当中，教练员常在其体能、技术、认知、心理以及对抗性等方面加以训练，使运动员在参加比赛的关键时刻保持最佳状态，完成技术动作时，将速度与力量、柔韧性以及各关节做到完美的配合，发挥出最大的运动潜能。

我们不是专业的排球运动员，没有专业的教练员对我们进行指导，我们也不需要进行那些刻苦的强制性的训练。作为我们这些业余爱好者，要想在日常生活的娱乐当中把排球打好，单有一腔热情亦是不够的，在平时我们应该注意培养自己的爆发力、弹跳力以及手部和腿部力量。在大多数情况下我们认为，爆发力是与生俱来的，想要增加或是加强不是不可以，但是效果不会明显，这也是我们在前边所说的天赋所表现的一个方面。因此，我们可以选择不去训练自己的爆发力，而是想办法使自己的已有爆发力得到最大限度的发挥和使用，最简单的方法就是锻炼自己的肌肉，在平时的生活中，我们可以练习垂直蹲，也就是我们常说的扎马步。

扎马步是我们中国武术的一种精髓，也是许多门派的根基功夫，无论哪一门派的武术，马步都有着不可动摇的地位。虽然在各大派别当中，马步的扎法有些不同，但就总体而言，马步大同小异。在我国的武术当中，扎马步的目的主要有两个方面，一是练腿力，二是练内功。这里我们主要是取其在第一个方面的作用了。

下面我们便主要介绍一下扎马步的练法。

首先我们的双脚向外摆开 15 度，达到与肩膀同宽，之后我们缓缓地蹲下。

在这里，我们特别说明一下为什么要保持双脚外摆。这是由人的股骨的生长角度而决定的，人的股骨即是外旋 15 度而生长。以我们刚才所介绍的这个距离完成相应动作，是最符合我们人体生理结构的。

脚下步伐准备好了以后，我们眼睛向前看，脖子紧贴衣服领子。如果此时你穿一件上衣，那么你需要做到使自己的衣服轻轻贴在后背上，之后拔背，也就是将肩胛骨处的肌肉微微使劲，向四面拉伸开来。如此，在胸廓这个地方，便自然形成一个很小的内弧，并且非常开展。为了防止耸肩，可以采用坠肘的方法，即在肘部吊上一个重量为 10 克的天平砝码，或者

我们也可以用一个空的墨水瓶来代替。站好之后，我们便可以用鼻子慢慢地呼吸。这时，如果你的动作很规范，那么在两肋和腹部我们都会有一种充实的感觉。

然后我们要做的就是将双手环抱在胸前，手心向内，并且掌指相对。如此，扎马步的基本要领我们便已经掌握了。

之后，将双脚的脚尖开始慢慢向前转（我们这样做的目的是为获得扭动的动力），此时，虽然我们的脚尖转向前边，但膝盖仍然需要保持正对身体的前方，这样一个微微的扭转便结束了，我们也从中获得一个力。这个力是腿上的力，如果你已经体会到了这个力，那么步法以及转身这些就都有了。

接下来，身体的重心慢慢下移，我们逐步往下蹲，这个过程是为了获得向下的力。此时，腿上除了有我们在前面介绍过

的脚尖和膝盖的一对力外，又出现一个新的力，垂直于水平面而向下，这是你自己身体的重力。

最后一步，也是最难的一步。双脚继续不断扩宽，当两脚之间的距离达到了自己两脚直到三脚宽时。这样又获得一个外展力。这时，小腿和大腿的肌肉开始紧张地工作，产生一个反力以此保证身体的平衡。

这样，马步，或者是垂直蹲就做好了，长期练习下去，肌肉会得到很好的锻炼。还有一种很不错的增加肌肉的方法，那就是跳楼梯，在这里我们就不再做详细的介绍了。

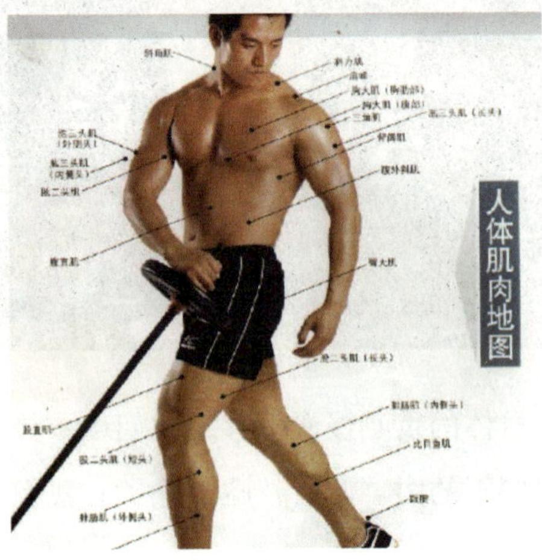

关于弹跳力的训练方法更是多种多样，现在介绍一种最为简单的训练方法。我们可以站在台阶上或者找几本书，或者随意找一些平整的稍微有些高度的东西垫在脚下，脚尖踩在这些东西上，脚板保持与地面水平，不得接触地面，然后脚跟向上提起至最高点后，持续一段时间，缓慢落下，如此反复多次。这样你的弹跳力就会慢慢地得到显著的提升。

训练手部和腿部的力量时，我们根据它们的结构组成而进行训练。人类的手臂主要由小臂、肱二头肌、肱三头肌和三角肌四部分组成。我们可以采用单手握哑铃的方法，弯曲身体，将握有哑铃的手臂紧紧贴在大腿的内侧做臂弯伸动作。如此反复，我们就可以有效地锻炼小臂肌肉和肱二头肌了。我们在此介绍的都是最为简单的训练方法，类似的训练活动还有很多。

锻炼腿部肌肉时，人们经常采用提踵的方法，这样能够很好地锻炼小腿部分的肌肉。至于大腿肌肉的训练，我们往往采用深蹲的训练方法。

以上介绍的几种方法都是一些我们在日常生活当中能够随时进行的，不需要其他的辅助类仪器。如果你有更好的训练方法，更加适合自己，那么选择属于你的训练方法当然更好了。

需要大家特别注意的一点是，在这里我们所做出的训练计划并不需要大家坚持每天都去做，一般来说我们建议的训练频率是每隔一天进行一次运动。这些运动属于无氧运动的类型，每次在训练的时候，为了达到很好的运动效果，我们要尽可能地去破坏自己的肌肉组织，在这之后就需要用充足的时间和营养去修复我们那些被破坏肌肉组织，使它再次生长。从这个程度上来讲，我们在做完无氧运动进行休息的时候，就是我们的肌肉迅速生长的时候，所以如果我们不停息地去训练和运动，只能使自己很疲惫，并且根本就达不到运动应有的效果。

根据本章节我们介绍的知识，大家已经对一名优秀的排球爱好者应该具有哪些方面的身体素质有了初步的了解，并且也知道了怎样去提高自己。为了使自己在排球运动中表现得更加出色，那么从现在开始，根据前面所介绍的知识，我们为自己制订一个专属运动计划，加强自己的身体素质，提高自己的技能，然后期待着自己在排球比赛时大放光彩吧。

排球、健康、改变

在生活节奏日益加快的今天，人们都在为着自己的前程而努力，在不知不觉之中便对自己的身体健康造成了一些不可避免的危害。而这之后，我们或许就会想尽各种方法对自己的身体进行调理，或者是看电视上的广告吃各种各样的药，或者是报各种培训班之类。其实，这些完全没有必要。

我们现在常常提倡多运动，并且积极开展了“阳光体育运动”以及其他的一些类似运动，只是为了提高我们的身体素质，或许对于一些成年人而言，不会有太充裕的时间去进行那些运动，最多也就是在饭后散散步，其实这样做对我们健身的作用不会很大；或者有些人会想过进行晨练，但是一方面懒惰使之不能持之以恒，另外晨练使我们的身体得到的锻炼依然有限，同时这样的运动难免有些枯燥无味，远远失去了运动应有的乐趣。

于是，现在有越来越多的人选择在排球运动或是其他的一些运动项目中得到快乐与锻炼。我们在这一章节中便主要对排球这项运动给我们的健康带来的改变做一些阐述。

首先，我们在本书最前边已经介绍过了排球的发展历程，它经历了从室内走向室外，从地板走向沙滩，从娱乐走向竞技，又从竞技回到娱乐的过程。现如今，我们所进行的排球运动大多是在室外，那么在进行排球运动时，我们可以尽情享受阳光的照射，也可以在运动场上尽情地流汗，体会运动的乐趣，直至身体感到疲惫。我们可以从中享受到身心的全面放松，使过分的精力得到宣泄，这在我们现在的高节奏生活中是极为难得的。或者在生活中，当我们遇到一些不愉快的事情时，可以借助排球等运动，尽情享受与队友的团结合作，不断地突破自我、战胜自我，获得极大的心理满足，从而使自己的心理情绪得到自我调节，陶冶情操。这样，既最大限度保证了个人隐私，又有利于个人的心理健康。所以很多人对这种发泄形式情有独钟。

那么，排球运动对我们的身体方面又有哪些具体的帮助呢？笼统地说，排球运动对我们的神经系统、呼吸系统、肌肉和关节、心血管系统、内分泌系统等都有着十分显著的作用。

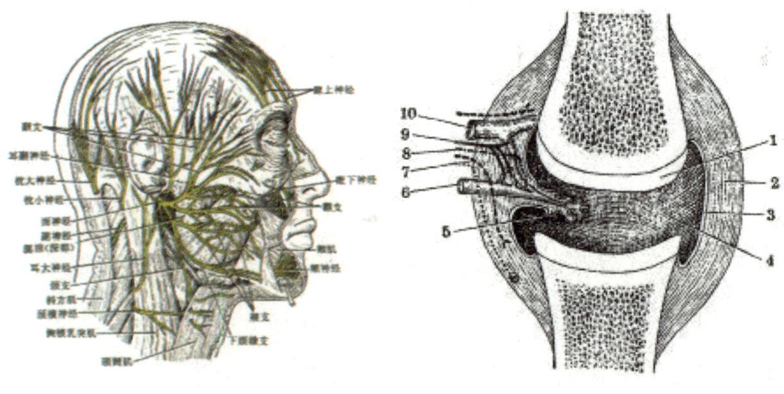

我们都知道运动分为有氧运动与无氧运动。在我们做排球运动的时候就是进行有氧运动，此时，红细胞与血红蛋白的含量明显增加，人体内部的输氧能力得到极大改善，从而增强了我们身体内各个器官系统的供血以及供氧能力。同时心肌中的线粒体不但体积增大，而且其数量也会明显增多，利用氧的能力得到极度提升，因此排球运动对预防心脑血管疾病有很好的效果。多多进行排球运动对青少年的生长发育以及延缓老年人的衰老也有很显著的效果。

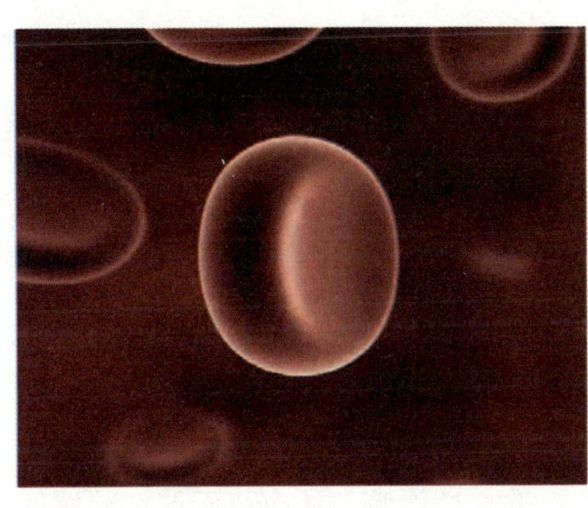

对于老年人而言，我们常见的排球以及沙滩排球肯定是不适合的，在这里我们便要提到后来发展起来的软式排球了。与其他排球相比，软式排球有着这几方面的显著特征：体积更大，重量更轻，制作材料柔软，不易使手指受伤。在运动时有着轻、柔、软这三个方面的特点，排球的飞行速度也会减慢，这也很大程度上弥补了部分人在速度中的劣势。所以对于老年人和一些女生而言，他们更喜欢这种软式排球运动，在这项运动中运动员救球的成功率很高，因此比赛双方队

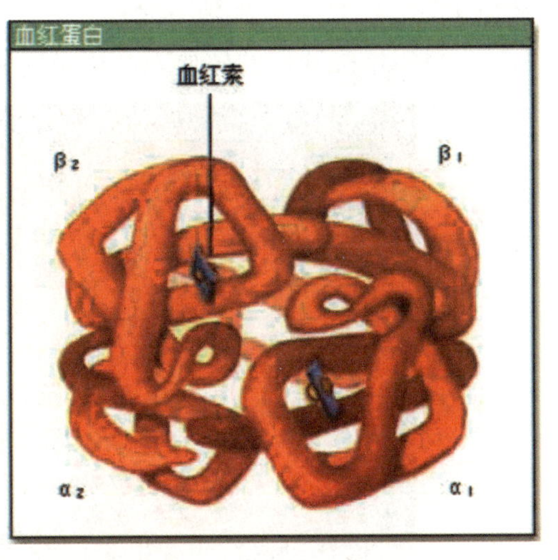

员的持续对战时间也会比其他排球比赛要长，这便在排球运动中增添了许多乐趣，增加了比赛的娱乐性和欣赏性。

运动与内分泌系统之间也有很重要的联系。我们都知道在医学的领域里有一门运动医学，我们也经常会听到有人说，生命在于运动呢，由此可见运动与人体内分泌系统的密切联系了。但是亦有研究发现，当平时基本没有过大强度运动的人在过度训练的时候，其体内的淋巴细胞明显增加，对于某些特殊抗原的反应性却降低了；再例如在运动时运动员肾上皮质激素的增加可以抑制免疫系统的功能。当然这些影响都只是暂时的。关于排球运动对人体免疫系统的长期影响，还有待于这一领域的专家人士做出进一步的研究。

于是在此，我们也温馨地提醒您，凡事都是一把双刃剑，有利亦有弊。科学、合理的体育运动不仅可以促进人身体的发育，也可以增强我们的体质。在运动时，我们很少会感到疲劳，

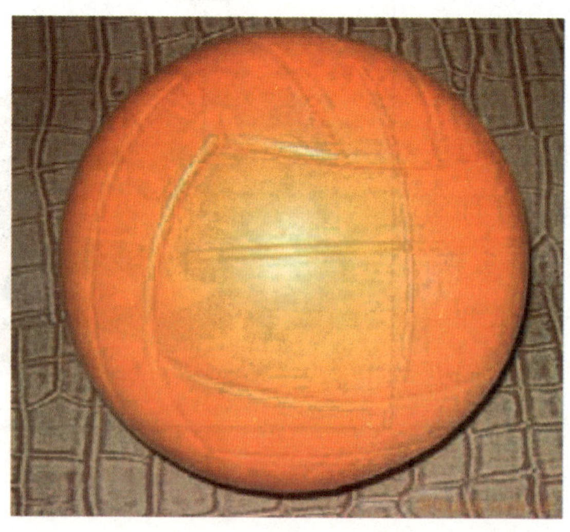

心情也很少会低沉。这是因为在运动时，内分泌系统得到协调，使我们不易疲惫并且觉得心情愉悦；但是过度地运动却会得到适得其反的效果，对我们的身体造成不同程度的危害。运动虽好，可不要贪多哦。

在比赛时我们往往会保持精神的高度集中，慢慢地，我们的注意力、观察力以及思维敏捷性都会得到提高，进而拥有良好的意志品质。心无杂念，不去想那些人际关系，亦不去想那些琐碎的工作事项、学习任务，在繁忙的生活中得到解脱，拥有暂时的心灵放松。

一个好的性格铸就一个人才的成功，或许有些人的性格不善于与他人交往，总是沉浸在自己的小世界里，那么试试加入集体的活动中去吧，体验集体的团结与凝聚力。可以让他们去参加排球等类似的集体体育运动，不管是谁，在运动的过程中都会集中自己的注意力，专注地去运动，也可以说是抛弃自我，完全融入运动中去，这也就是我们经常会看到有一些人在平时沉默寡言，而一到运动场上没多长时间就生龙活虎了。长此以往，再沉默的人都可以慢慢与自己的队友熟悉，拥有自己的交际圈，毕竟团队是共荣辱的，其力量不可忽视。

排球、健康、改变，看似毫无关联，实则密切相关，让我们一起在运动中得到快乐，拥有健康，同时使自己变得更加优秀。

运动虽好，安全第一

对于大多数人而言，我们打排球是为了使自己的情绪得到发泄，在运动中体验快乐，或者是为了使自己的身体更加健康，绝对不是为了让自己增加受伤的概率。无论如何，只要是运动就会存在风险，那么我们只能也必须想办法去降低这些隐藏的风险了。

在进行运动之前，我们最好做一些准备活动。虽说运动之前要热身这是一个常识，大多数人都懂得，但是在实际生活中人们却往往习惯性地忘记。在这里我们要对大家特别提醒，千万不要小看这些热身运动，认为它没有必要、可有可无，甚

至觉得是对自己时间以及体力的浪费。

在排球运动中，我们进行热身运动主要是出于这几方面

的考虑。首先是为了加热自己的肌肉，较长一段时间不运动会使得我们的肌肉僵硬，热身后，增加了肌纤维之间的黏度，可以防止肌肉拉伤，也可以在一定程度上使肌纤维的收缩速度得到活化。其次，突然而来的运动，往往会使得关节不堪重负，容易造成扭伤以及关节磨损。最后也是最重要的一个方面，运动量的突然增大往往会使血管在短时间内难以调整好流量，造成循环系统的负担过重，对自己造成器官性的损害。其实运动开始前的准备活动，我们可以认为是在告诉自己的身体，我要运动了，你准备一下。

对于排球运动的准备活动，我们需要在哪几个方面特别注意呢?

我们可以在运动之前围着运动场地慢跑几周，加快血液的循环。

接下来就是我们在运动过程中大幅度使用、容易伤到的一些部位了。

首先是肩关节。排球运动中不乏有一些扣球和上手传球等类似动作，这就要求我们格外小心“肩伤”，尤其是三角肌部分，对此我们可以让手臂做一些各个方向的摆动，最简单的就是做一些扩胸运动以及振臂运动等。扩胸运动很简单，就是我们经常在体育课上见到的运动，也可以说是广播体操的一个缩影，双臂在胸前平屈，准备好之后用力向身后方振去，待其自由恢复到原位置时再进行一次，如此反复进行几个拍节就可以了。振臂运动则是保持两个手臂伸直，一上一下，上边的手臂与耳朵相平行，下边的手臂保持在体侧，然后同样是一起向身体后方振去，几个拍节之后，双臂交换，继续进行。这样对肩关节的准备活动就做好了。

接下来就是腕关节了。在传球的过程中，往往需要手腕的快速发力，扣球时尤其如此，因此攻手更应该格外注意，只有把腕关节活动开，才能在运动中多一层保险，也能使自己发球

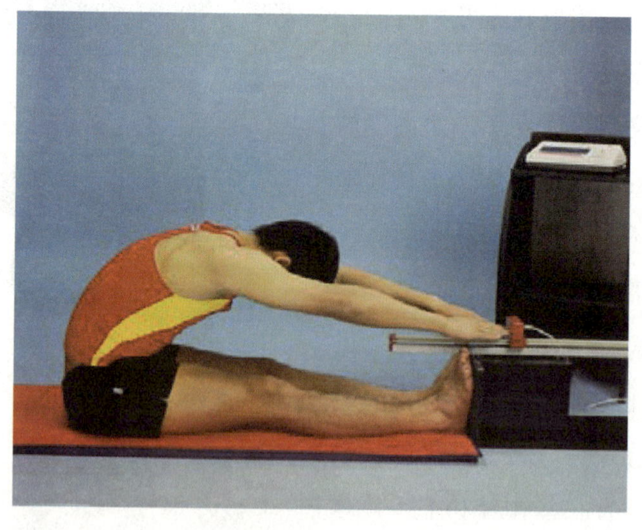

更加顺畅，玩得尽兴。活动的具体方法便是像我们在图中所示

范的那样，双手交叉，形成一个类似于轴的动作，先由内侧转向外侧，如此几个拍节之后交换方向，改为由外侧转向内侧。同样进行几个拍节后结束。

五指张开，交叉在一起之后对抻，这又是在干什么呢？我们都知道在接球或者是拦网的时候需要手指发力，指关节会保持紧张。这就是针对指关节的准备活动了，你学会了吗？

腰椎是人身体的一个主要支柱，我们一定要保护好。在运动时，它往往承受我们身体的绝大部分的重量，对它做一些准

备活动更是显得极为重要，对此我们往往前后拉伸或者做一些绕环运动或者在平面上坐下向前用力压腰，这和我们的坐位体前屈有些类似之处。如果这些运动不能保证你的安全，那么我们建议你在运动之前佩戴一个护腰。千万不要觉得麻烦，毕竟安全才是第一。

提踵、踝关节绕环是对我们跟腱的保护，不进行这些运动我们很可能在运动过程中崴到脚。虽说这在日常生活中也很可能遇到，但我们更应该做出防范，增加踝关节的柔韧性，减少它扭伤的概率，这样我们同样能保证自己的弹跳力得到极好的发挥。

进行完这些准备活动之后，我们就要真正上战场了。接下来我们就介绍一下在赛场上的安全问题。

做任何事情之前的准备工作都丝毫不可以懈怠，要做好充分的准备。在身体准备好了之后，接下来我们就应该看看场地以及排球等一些器械设备了。

在选场地的时候我们应该尽量选择硬度适中的场地，一般来讲塑胶地板和木质地板为最佳选择，并且在运动开始之前我们还应该必须保证运动场地的干净，不得有灰尘等，否则会在一定程度上增加运动员滑倒的概率。运动场地必须要经过严格的检查，不能有尖锐的物品，以免对运动员的身体造成损伤。

球的选择很关键。如果我们长期进行排球这项运动，那么我们极有必要准备一个质量比较好的排球，好的排球不仅耐用，而且对我们手的损害也会比较小。一般打过排球的人都会知道，

我们在用手击球时会感到很疼，在运动完之后甚至会发现自己的手很红肿。虽然一个好的排球不能避免对手的损害，但是却能够尽可能把危害降低。

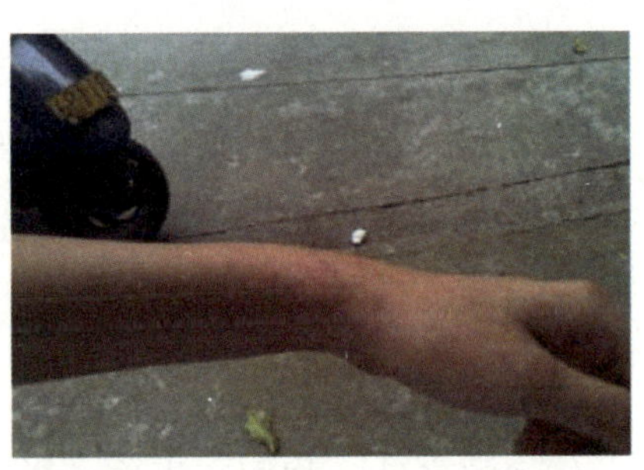

在最后上场之前我们还应该检查一下自己的着装，尤其是鞋子。一般我们在进行运动的时候不会准备专用的排球鞋，但是一双合脚的舒适的鞋子还是非常有必要的，最为主要的就是

我们必须保证自己的鞋带已经绑紧了。

这些各个方面的准备活动虽然很琐碎，我们说起来感觉很长，但是在实际生活中我们准备起来却是很简单的，并且对于自己的安全问题我们完全有必要做到极度的小心和仔细。在比赛的过程中，一定要遵守比赛的规则，遵守比赛规则对我们的安全而言是非常有必要的。因为这些规则的设立虽然一方面是为了保证公平和比赛的顺利进行，但是另一方面，它同样是为了运动员的安全着想。

除此之外，我们在进攻、拦网以及防守等几个方面给大家做一些具体的介绍。

扣球时背弓要适量，其幅度切记不要超过腰腹力量所能承受的范围，否则不仅不能够做到迅速有效地发力，还很容易使

自己的腰部受伤。挥臂时，保证从首端向末端顺序发力，严格遵守应有的顺序和节奏，否则很有可能会造成拉伤，而自己的发力效果也不会很好。按照研究结果发现，类似扣球这种动作违反了人体的运动规律，短时间内或许不会对我们造成特别严重的影响，但是长时间进行下来它所造成的磨损是难以避免的，长期得不到休息使得肩膀会积劳成疾，这也就是我们所说的运动员的职业病。对于那些职业的运动员，这些难以避免，但是对于我们业余爱好者，还是要以自己的健康为前提进行运动。

我们除了要对自己的健康安全负责之外，还应该保证或是注意他人的身体健康安全。比如在我们进行扣球时，如果发现自己有可能与其他人的身体发生碰撞，就应该及时选择放弃，踩到别人的脚不但会给对方带来疼痛，还有可能让自己的脚因为崴到而受伤。更为严重的一点，若膝盖在放松的状态下突然受到猛烈的撞击，会受到不同程度的损害，轻一点是造成半月板的损伤，严重了则会使十字韧带副韧带撕裂，我国著名的排球女将赵蕊蕊就因为膝盖受伤而不能打比赛。所以我们常说的“友谊第一，比赛第二”就是这个道理。我们进行的是以娱乐为基础，以快乐和健康为出发点的运动，没必要因为比赛使自己或者他人受伤。自己觉得快乐就好了。

我们前面所说的是比赛过程中的正面撞击，最后还要说的一点就是在落地时应该注意的。在落地的时候应该有足够的缓冲，如果没有准备充分的缓冲让踝关节和膝关节直接受到垂直方向上的冲击，半月板和韧带同样会受到损伤。如果我们遇到了直腿落地等的类似情况，应该迅速倒地，使缓冲不至于完全集中在一点，从而最大限度减少损害。

在防守时，有一种很具有观赏性的技术——倒地防守。这里可能有些人会认为这是为了接住即将掉落的球，其实这只是一个方面，更多的来说，倒地是为了做一下缓冲，使自己的身体得到保护。在倒地时，以胸腹背四肢外侧等面积比较大的部位着地，以此增大受力面积，减少局部冲击力。

以上便是在排球运动中遇到各种安全问题时的应对，你学会了吗？时刻记得一句话，运动虽好，安全可是第一哦。

排球运动之后那些你该做的

进行完了运动，我们的身心得到了极度的放松，体验到了快乐，也使自己的身体得到锻炼，但是在运动之后我们又该怎么做呢？大多数人会觉得洗个澡让自己清清爽爽地好好休息一下就好了，实则不然。

有些人已经打过很多次排球了，不知道大家是否注意到在进行完运动之后，我们往往会觉得很口渴，迫不及待地想要喝一些水，然后可能会出更多的汗，有时还会引起腹痛。这些现象都表明剧烈运动后立即饮水是非常错误的做法。在运动之后，我们出了很多汗，而在汗液当中存在着大量的盐分，大量饮水之后，导致更为大量的出汗，使得我们体内盐与水的比例失调，盐的浓度降低，进而导致人体内的电解质成分降低。人体在缺盐的情况下会感到疲乏无力，恶心呕吐，甚至会出现四肢肌肉痉挛的情况，也就是我们常说的抽筋。

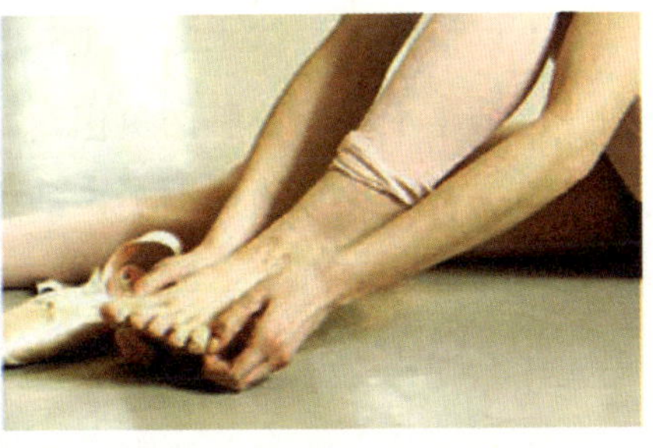

在运动的时候血液会比平日更多地流到肌肉以及关节等运动器官，流入胃肠等消化器官的血液相对减少，所以在胃肠的血管会处于收缩状态，蠕动也会相对减弱，消化液分泌减少，并且这种状态在运动后的半个小时之内都不会消失。此时饮水，会导致大量的液体在我们的胃肠内积聚，影响横膈的活动与我

们的呼吸，从而使补充氧的时间大大延长，对身体造成危害。

并且在运动之后，大部分人更喜欢喝冷水，认为这样才会痛快。但是你是否想过，当你的嘴体验乐趣的时候，胃却正在接受强烈的刺激，冷水遇到我们热乎乎的胃后对它产生强烈的刺激，让胃的蠕动增强，进而引起了强烈的收缩，这时就会出现我们在前边说到的腹痛了，更有甚者会出现胃绞痛，很容易引起胃肠功能的紊乱。

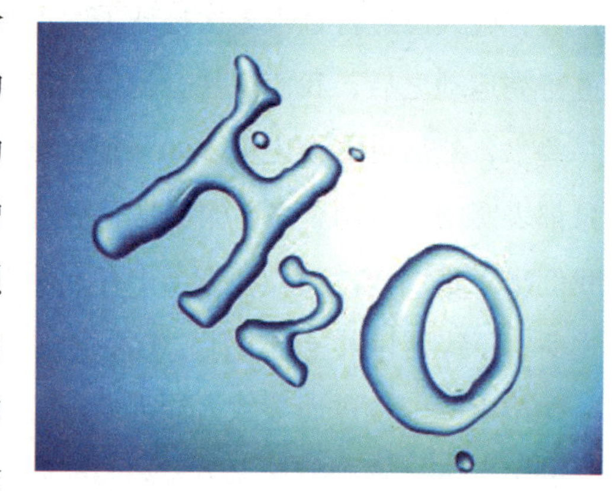

不仅仅是胃，饮水之后血管的循环血量在突然之间大量增加，也加重了我们心脏的负担，心脏得不到休息，我们就会感到疲乏无力了。类似的因为运动后立即饮水而带来的危害还有很多，我们在此就不一一介绍了。那么我们应该吃些什么或者喝些什么呢？

最简单的方法是稍微喝一些温的淡盐水，但是一定是要小口慢慢地喝，并且在达到了口不渴之后就停止饮水，以免引起肠胃的不适。另外，我们在运动前或者运动后吃上一两根香蕉也是一种不错的补充糖分的方法。香蕉能够给我们提供合理的比例的糖分，并且香蕉中含有我们需要的很多种矿物质，对我们身体的恢复来说，它绝对是一个不错的选择。

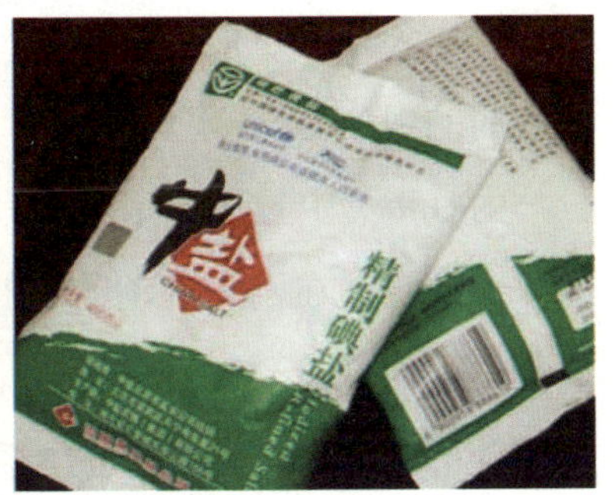

如何应对排球运动中的突发状况

即使我们准备得再充分，排球运动相对其他的运动再安全，在运动的过程中我们也往往难以避免一些特殊情况的发生。面对这些突发的状况，面对我们或者是队友突然出现的安全问题我们又应该怎样去做呢？下面主要为大家介绍一些突发情况的应对措施，为自己，也为自己队友的安全多提供一份保障。

首先是我们最为常见的，在运动过程中经常会出现的腹痛。引起腹痛的原因有很多，在这里我们给大家一一做出介绍。

内脏适应障碍：

在运动之前，人体处于比较安静的状态，一旦进入运动，并且没有做好充分的准备活动，那么虽然我们的肌肉和神经系统会在第一时间立即进入高度兴奋状态，但是由于人体结构等原因，我们的呼吸循环、消化以及内分泌等系统在人体进入了剧烈运动的状态之后，还需要较长一段的反应时间，才能够满足我们在运动状态下的需要。在这种情况下，各个系统的配合

的过程中，很有可能会发生脱节导致功能系统的紊乱，进而造成腹痛的现象。

内脏重力牵拉作用：

人的身体在剧烈运动的时候，脏器等在腹内的活动量也会增大，继而牵拉胃肠部的系膜（主要是胃肠部的系膜，当然还有其他的一些器官）。分布在系膜中或在其附近的神经和血管等因为牵拉的力度超过了自己的耐受限度，就会引起内脏神经功能的紊乱，我们就会有腹痛和恶心的症状。

尤其是在饱食后立即就去参加剧烈的体育运动，更容易出现这样的症状。我们在日常生活中经常会听到老人们叮嘱说，刚刚吃完饭，不要剧烈运动，也尽量不要跑和跳，这些话无一不是这个道理。除此之外，在运动时由于地球引力产生的重力作用，小肠内部的东西会坠积于回盲部，引起该处神经、血管受到牵张，产生右下腹胀痛。

胃肠缺血或饥饿性痉挛：

在剧烈运动时，我们人体能量的消耗是安静时的10倍，而肌肉运动的能量供给来源主要是肌糖原的氧化。在人体饥饿的时候，我们的血糖浓度下降，去进行人体能量的供给，此时再做剧烈运动，很容易出现低血糖的情况，并产生饥饿性腹痛等。同时，胃肠道也容易发生缺血性痉挛和功能紊乱。

在前边两段介绍的内容中，我们可以发现，在运动时，吃得过饱或过少都会对自己的身体造成危害。一般来讲，在吃完饭经过30～40分钟的休息之后，我们可以进行一些类似于散

步的缓和运动，一个小时之后再进行排球运动。

类似的引起腹痛的原因还有很多，例如内脏扭转等，这些在平时不会经常遇到。记住我们在之前介绍的几种情况并加以注意，就可以很大程度避免这些情况发生了。

同时，为了进一步减少在运动过程中腹痛的发生概率，我们应该充分做好准备工作，保持平和的心态，避免精神紧张。并且不应一次性加大个人运动量，虽说压力出动力，但是压力过大往往却会出现适得其反的效果，应该循序渐进加大运动量，量个人能力而行。

对于腹痛的紧急处理，我们为大家介绍以下几方面：

首先如果我们在跑步，那么应该及时减慢运动速度，并且减少运动量，但是这并不意味着我们应该立即停下来。在刚刚跑完很长的一段距离后，如果我们的身边有了解体育运动的人，他会让我们继续向前慢跑一段路程，绝对不会允许我们在剧烈运动后立即坐下或静止。

这里面所蕴含的理由是，在我们进行剧烈运动的时候，心跳会加快，肌肉和毛细血管迅速扩张，血液流动的速度也会加快。同时在运动的过程中，肌肉会保持有节律地收缩，挤压小静脉，以此促使血液能够更好地循环，更快地流回到心脏，满足我们的运动需求。所以如果此时我们立即停下来休息，肌肉的节律性收缩也会立即停止，不能够继续保持之前维持的平衡状态。没有了肌肉的收缩，原来流入肌肉的大量血液也不能顺利地流回心脏，这就会造成血压的降低，出现脑部暂时的缺血，

进而引发心慌气短、面色苍白、头晕眼花，甚至严重者会休克昏倒。所以，在我们进行过剧烈运动后要继续保持运动的状态，做一些小运动量的温和动作。同样在遇到我们上边所说的腹痛时也要继续运动一小段时间，以免发生这类情况。

静止下来以后，可以用手轻轻地按摩和揉动腹部，使血脉顺畅，从而起到减轻疼痛的作用。

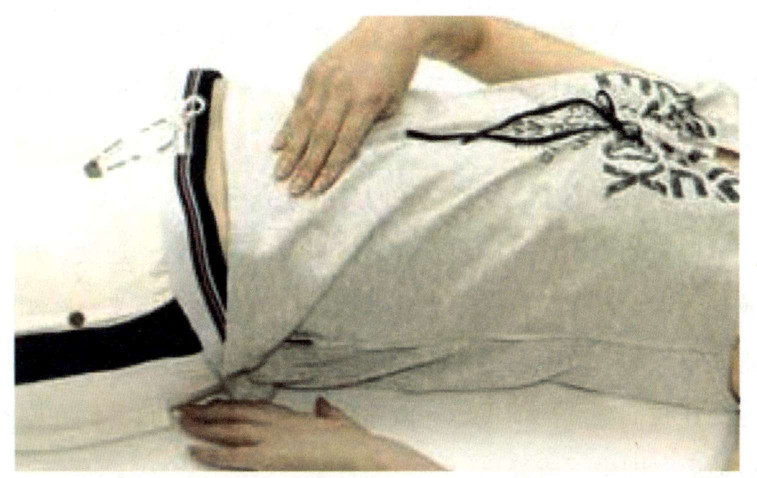

其次可以进行深呼吸，增加氧的吸入量，以此调节心肺功能，这样同时可以减轻腹肌的紧张度，缓解腹痛。或者是手指用力按压左右前臂的“内关”穴。关于内关穴的位置很好找，我们可以先伸出手臂，将掌心向上，找到手腕的第二条横纹，在其正中位置向上两寸，就是我们要找的内关穴了。之后，紧紧按下这个位置，就可以起到止痛的作用。

如果在腹痛时伴随着有心悸、冒冷汗、脉搏减弱甚至昏迷等症状，应当立即让此人平躺，并给他服下适量的糖水，这样

症状会得到一定程度的缓解。

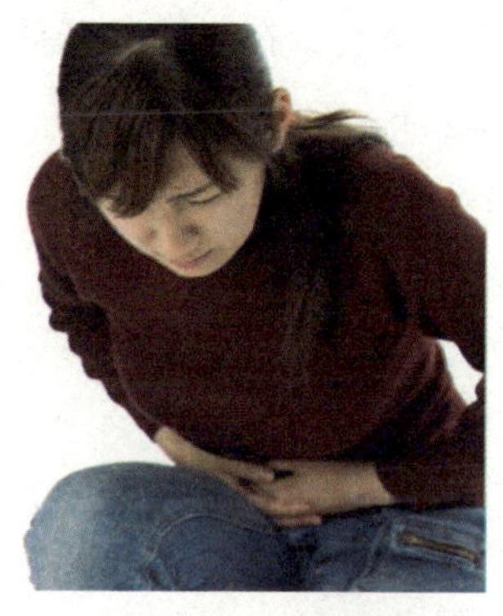

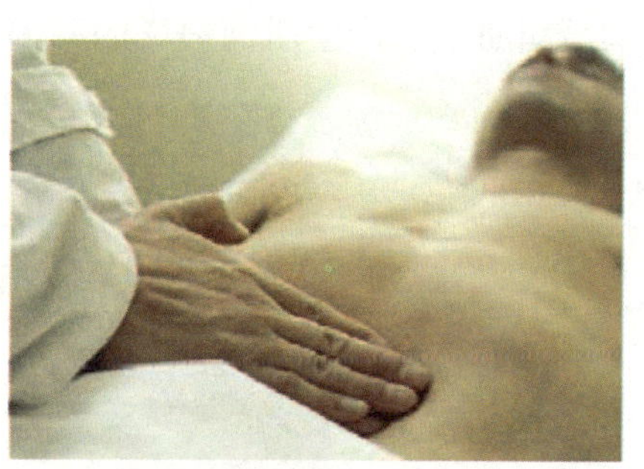

如果感到腹痛难耐，这时可以给腹痛者服下一些药物止痛，阿托品、普鲁本辛等药物都是一些不错的解痉止痛类药物。

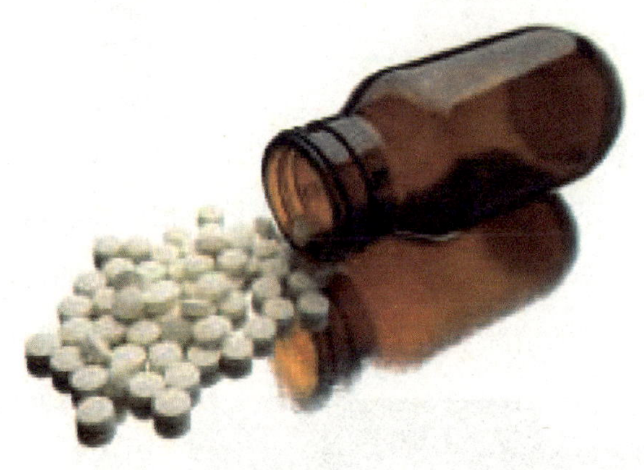

做过这些之后，相信腹痛的症状已经得到了缓解，如果这些仍不能够解决问题，并且疼痛不断加剧而顽固，剧烈难忍，那么我们就应该及时到医院去做进一步的检查了，以确定自己的身体是否健康。

除了我们经常见到的腹痛问题以外，肌肉痉挛也是一种我们常见的状况。所谓的肌肉痉挛，就是我们常说的抽筋，是肌肉不由自主地强制性收缩。肌肉痉挛经常会发生在小腿腓肠肌和足屈肌上。产生肌肉痉挛的原因主要有如下的三个方面：

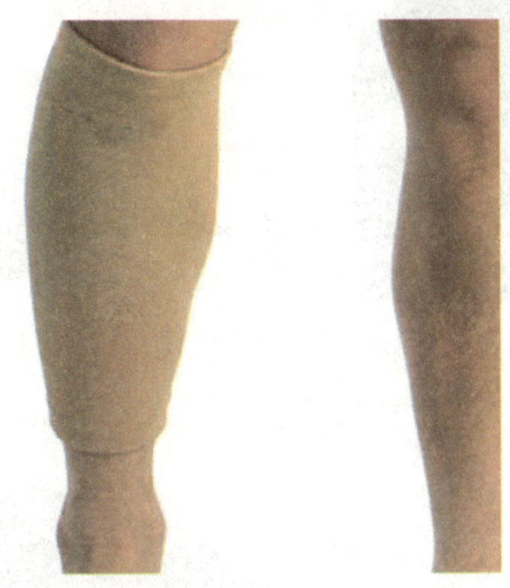

1. 遇寒冷天气刺激：当天气比较寒冷时，有些人会为了运动的方便，不管是否会冷，就轻装上阵。他们往往认为运动起来之后就不会觉得冷了，穿得过多反而会给自己的运动带来不便，而在这样的情况下，如果运动员的准备活动没有充分做好，很容易就会引起肌肉痉挛。

2. 大量排汗：人体的汗液当中存在有很多的盐分，运动过程出大量的汗，导致人体盐分

的流失，进而就会引起肌肉痉挛。

3. 肌肉持续过快地收缩：肌肉痉挛的实质其实是肌肉一直处于收缩状态不放松。如果人体持续使肌肉收缩，肌肉得不到休息，就会造成它的失调，不能迅速再次放松，进而就引起了肌肉痉挛。

了解了肌肉痉挛产生的原因，我们就能够找到治疗肌肉痉挛的方法了。既然肌肉不能够主动伸展，我们就可以动手强制性地使痉挛的肌肉被动伸展。例如，当我们的小腿三头肌发生痉挛时，我们可以让脚使劲地向上翘起，同时用力地蹬自己的脚后跟；当股四头肌出现痉挛时，我们便往往采用使小腿向后折叠的方法，使大腿的前群肌肉得到充分的伸展；当腹部肌肉出现痉挛时，使身体尽量伸展，这时我们可以做出“桥”的动作。

身体软组织的损伤也是一种在排球运动中的常见伤势，按其损伤的性质，我们分为开放性损伤和闭合性损伤。对于闭合性损伤我们又可以大致分为扭伤、拉伤、挫伤和撕裂等。

肌肉拉伤是由于指肌纤维的撕裂而造成的损伤。当肌肉出现猛烈收缩时，如果它的收缩力严重超过了肌肉本身的承担能力，那么就很有可能会导致肌肉拉伤。同样，当肌肉受到外力做出牵伸时，如果牵伸的范围超过了肌肉本身的伸展限度，也很容易导致肌肉的拉伤。肌肉拉伤的部位多见于肌腹、肌腱的起止部或肌腹与肌腱交界的地方。情况稍轻时会发生微细的损伤，这样对人体的损害还不是很大，但如果情况比较严重，那么会导致肌纤维的大部分断裂甚至是完全断裂，或者更严重一些，直接发生撕脱性骨折。

挫伤是指由于钝性的外力直接指向了人体的某个部位，进而引起的一类急性闭合性损伤。

扭伤是指附在我们人体关节外面的韧带和肌腱出现了轻微的撕裂而造成的，而造成这个情况的原因主要是人体突然做出了某个动作使得该关节部位扭转过猛。关于扭伤，最多出现于腰部和踝部。

面对软组织的损伤，我们不要慌张，软组织的损伤往往会伴随有组织液的渗出和血液的流出，我们应该及时做好止血和创伤处理，以免使伤口感染。如果伤口较深，我们应在简单处理之后及时前往医院，交给医生进行处理。

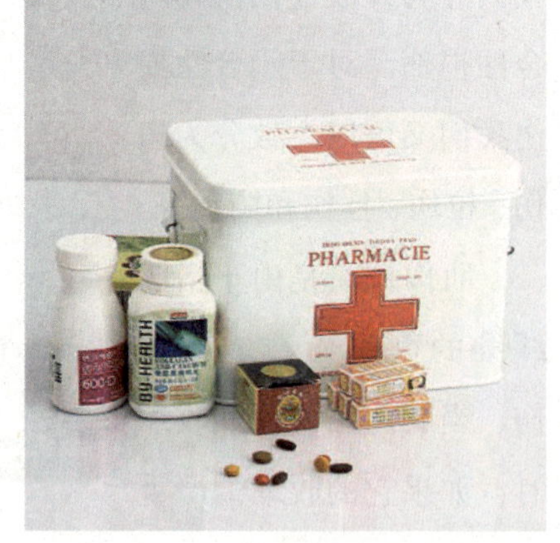

如果损伤是闭合性质的，也就是说局部的皮肤与外界没有相通，没有血液等的流出，这也是我们最为常

见的，这时如果是细微的损伤，我们冷敷之后涂抹一些药膏就可以了。如果很不幸使大部分肌纤维断裂甚至是完全断裂，那么就应该及时送往医院尽早进行手术治疗。

关于在运动场上的突发情况的处理，我们就介绍到这儿了。在运动中注意自己的安全，遇到突发情况亦会处理，充分做到万无一失，那么我们就可以放心地去运动、去提高了。

第三章

走进排球的世界

姿势决定格局，移动奠定成功

对于刚刚学习排球的人来说，正确的排球姿势是非常重要的。只有学会了规范的姿势和动作，我们才能更快地掌握排球的基本技术，更好地发挥出自己应有的水平，也才会在赛场上有更加出色的表现。同时，好的规范的姿势也是对自己安全和健康的一种保证。其中准备的姿势与移动尤为重要，而且二者密切相关，两者都是我们在之后学习排球各项技术的前提和基础。拥有一个好的准备姿势，我们往往可以更轻松地做到更快、更准确地移动；也就是移动的有效性离不开正确的准备姿势，所以说准备姿势与移动相辅相成，互为基础。

在本章节当中，我们将重点介绍如何做好准备姿势，完成移动的过程。

准备姿势：

我们常说的准备姿势是指为完成各种排球技术动作而相应做出的合理的身体行为动作。正确的准备姿势能够使自身的身体重心处于一个比较稳定的状态，同时已经做好充分的准备，能够随时而迅速地对突然而来的各种移动和击球动作做出反应，快速而准确地移动到应该到达的位置，并能够对一些连续的动作做到一气呵成。

在所有的准备姿势中，有些是为了完成某项技术动作而提前做出的准备，我们称它们为专项技术准备姿势。例如，在拦网、发球和传球的过程中，我们都会采取不同的动作，对即将面临的各种情况做充分的准备。

根据我们将身体重心置于位置的高低，准备姿势可以进一步分为半蹲准备姿势、稍蹲准备姿势和低蹲准备姿势三种。

第一种是半蹲准备姿势：运动员将两脚左右分开，宽度

稍微大于肩膀，一只脚稍微靠前踩在前边，同时两脚尖稍微内收，脚跟微微提起，两膝自然弯曲，将重心下移形成半蹲的姿势。上半部分身体稍稍向前倾斜，使重心前移，同时两臂放松而自然弯曲，双手置于腹前。全身肌肉适当放松，两眼紧紧注视着场上的排球，并且两脚始终保持适当的动作，随时准备着动起来。

第二种是稍蹲准备姿势：它的重心较半蹲准备姿势而言要稍微高出一些，两膝弯曲的幅度也要小于半蹲准备姿势。至于其他的动作和方法与上面介绍的半蹲

准备姿势就基本类似了。这种姿势一般用于扣球助跑前或在对方正在组织进攻、需快速起跳的时候。

第三种是低蹲准备姿势：两脚左右、前后开立的距离比半蹲准备姿势更大一些，两膝弯曲的程度更大一些，因此低蹲准备姿势比半蹲准备姿势的身体重心更低、更靠前，尽量做到肩部投影过膝，膝部过脚尖，两手臂放于胸腹之间。一般在防守和接拦回球中多用到低蹲准备姿势。

移动步法：

移动简单地说就是指从起动到制动的过程。移动主要是为了能够尽快接近球，为到达下一个位置伺机而动，完成击球动

作。迅速的移动在球场上是非常重要的，能够达到争取时间和及时做出反应的效果。并且运动员及时移动到位，会大大提高传球的效率，也会攻击得对方措手不及。移动主要有起动、移动步法和制动三种。

起动常被认为是移动发力的开始，因此它的快慢也是尤为重要的。起动的速度不仅取决于规范的准备姿势，而且还有你的反应能力、腰和腿部的爆发力。要想做到起动迅速，需要平常大量练习。

移动步伐又分为并步、滑步、交叉步和跨步等基本步法。

并步和滑步：当来球距离身体比较近时，可使用滑步。当向右滑步时，右脚先向右方迈出一步，左脚迅速并上右脚，轻落在右脚的左面，重心仍在右脚上。连续左右做并步即为滑步。向前滑步时，前脚先向前迈出一步，后脚迅速跟上落在前脚之后，如此连续做。滑步主要用于去完成传球、垫球、拦网等。

跨步：当来球较低且距身体较近时，可采用跨步。首先向移动方向跨出一大步，跨步时屈膝，同时身体重心移到跨出的那条腿上。跨步练习时应向不同的方向练习。

交叉步：一般在球距离身体比较近，大约 2 米时会用到交

叉步。比如当向右移动时，左脚要先从右脚前面向右移动一步，右脚再紧跟向右迈出一大步，身体是朝着球的方向移动的，然后做好准备击球的姿势。

跑步：跑步在移动时经常用到，眼观球的方向，向球快速移动。

综合步法：简单地说，就是将以上各种步法结合起来综合运用。比如跨步时可以加上并步，并步时也可以加上滑步。

我们已经介绍完了准备姿势和移动技术，只是单纯了解这两者的学习方法是不够的，这就需要你在学习当中不断地练习，做到理论与实践相结合。下面我们就再介绍一些我们常用的练习方法，这些练习都是比较简单的，不会对场地或人数有过高的要求。

❖ 熟练掌握准备姿势和移动技术的方法

1. 可以自己原地做模仿练习。

2. 也可以两人结为一组，一人做，另一个监督纠正。

3. 对照镜子做准备姿势，然后从多个方向观察动作是否规范。

4. 采取动静结合的方法。

5. 看手势开始做接连移动，慢慢做到连续移动。

6. 分别跟着手势做向前、向后、向左或向右的一步或两步移动。

7. 准备姿势和移动相结合的练习。先做移动，看手势立刻停下来。

我们需要时刻注意，并不断地训练自己的灵活程度和反应速度，争取做到准备好了姿势，在看到手势时能够迅速有效地做出反应，精确地移动。

❖ 在练习场地上练习准备姿势和移动技术的方法

1. 在进攻线和中线之间接连地做向前和后退的移动。移动时手一定要摸到进攻线或中线。

2. 在场地内，可以自由结组，采用交叉步或滑步从一边快速移动到另一边上的练习。

3. 在场地内做向各个方向移动练习。

4. 在端线和进攻线之间连续做向前和后退的移动。移动时手要触摸端线和进攻线。

❖ 加上球练习准备姿势和移动技术

1. 两人结为一组，一人把球分别从各个方向抛出，另一人用双手把球接住。

2. 两人结为一组，一人跑动着将球向各个方向抛出，另一人站在原地后将球接住，这样接着不停地练习。

3. 一人尽量站在原地内连续接各种球，另一个搭档可以从远近高低不同的距离将球抛出。

4. 两人移动着传球练习。两人相对而站，两人同时匀速向前跑动，球在两者之间不停地互相传送，直到抵达终点。

5. 可以 3—5 人一组，大家围成一个圈，跑动起来，同时加上准备姿势和练习步法集体练习。

❖ 练习准备姿势和移动技术的要点及注意事项

1. 首先准备姿势要规范到位，动作自然放松，要在练习的同时不断地纠正。

2. 练习移动步法时，首先要认真区分开各种步法的特征，然后根据步法的特点进行练习。练习时要轻松自然，把握好自己的身体重心，练习加快自己的移动速度。

3. 注意准备姿势和移动要结合起来练习，这样可以达到更好的效果。

4. 准备姿势和移动的练习一般主要是短距离的移动练习。

5. 进行准备姿势和移动的练习时，要不断地练习自己的反应能力。

6. 准备姿势和移动练习时可以结合其他技术进行练习。

在本章节，我们已经详细地为大家介绍了准备姿势和移动步法。在接下来的几个章节中，我们还会从发球、传球、垫球、扣球以及拦网几个方面为大家一一介绍，带你走进排球的世界。

发球——克敌制胜的重武器

发球是排球运动基本技术之一。一般比赛常常以发球开始，有威力的发球有时候可以直接得分或直接破坏了对方的第一传手，这就起到先发制人的效果。从而起到争取主动的作用，也给对方在心理上造成威胁。与之相反，发球失误或发球没有成功的，对方会很快、很容易地进行反攻，这就相当于直接失去发球权，给本方防守带来困难的同时，也给了对方一个进攻的机会。所以，发球不但要有攻击性，还要又快又准。发球时队员应站在发球区内，不得踏及端线和踏过发球区的端线及延长线。一只手平稳地将球向上抛起，用另一只手或手臂的任何部位将球击入对方场区，触球的一刹那即为完成发球。如球没抛好，允许抛球后球自由落地，只要不触及身体任何部位，可重新发球，但不得借此拖延比赛时间。第一裁判员鸣哨后 5 秒钟内必须将球发出，否则即被判为发球违例。

在发球的时候，往往也会分为几种不同的形式：

❖ 旋转球

发球的一种。发球时击球体中心的某一侧，使球产生旋转。旋转球转速快、力量大，可以使对方判断错误而造成接发球失误。按发球的姿势，有正面上手发旋转球、勾手大力发旋转球、侧面下手发旋转球三种。按球发出后的性能变化，有上旋球、下旋球、左旋球和右旋球。

❖ 高吊发球

发球的一种。发球队员屈肩对网站立，球抛至右肩前方，与肩同高。以虎口击球下部，前臂向上猛挥使球经高空落入对方场区。其特点是旋转性强、弧度高、下降速度快，接发球队员难以判断落点，从而破坏接发球一传的到位率。

❖ 飘球

发球的一种。发球时以手掌根的坚硬部位，短促有力地击球，使作用力通过球心。球不旋转，但运行中因周围空气对球的压强不同而产生上下或左右的飘晃，常使接发球队员判断失误，从而增加了发球的威力，在比赛中被广泛运用。按发球的姿势，有正面上手发飘球和勾手发飘球。发出的球有前冲飘球、下沉飘球、高飘球、平飘球等。

传球——众人齐心合力断金

传球是排球运球基本技术之一。是指队友之间密切配合，完成一系列动作的过程，分为正传、背传、侧传和跳传 4 种。这 4 种传球技术的传球手形基本相似，都是在额前上方击球。主要运用于二传，有顺网正面二传、调整二传、背二传、侧二传、跳二传、倒地二传、传快球、传平快球、二传吊球等。在这里我们主要为大家介绍背传和跳传两种。

❖ 背传

传球技术的一种。用力方向与正传相反。击球点比正传偏后，用力蹬腿、展腹、抬臂、伸肘，通过指腕弹力把球向后上方传出。背传动作比较隐蔽，能出其不意，迷惑对方，增加战术的变化。

❖ 跳传

当一传来球较高时，二传手常跳起在空中做第二传。起跳后两手放在脸前，当跳至最高点时，两手伸至额上方击球，主要靠手臂和手腕的力量将球传出。这种传球技术在世界高水平比赛中常运用。

垫球——托起成功的希望

垫球是排球基本技术之一。是接发球、接扣球以及后排防守的主要技术动作，是组织反攻战术的基础。垫球技术的熟练

程度和运用能力，是争取胜利的重要条件。有下面双手垫球、体侧垫球、正面低姿势垫球、背垫球、单手垫球、前扑垫球、鱼跃垫球、侧卧垫球、滚翻垫球、挡球和救入网球等。其中正面双手垫球是各种垫球技术的基础，适合接速度快、弧度平、力量大、落点低的各种来球，在排球比赛中运用较多。

❖ 单手垫球

一般在来球低、速度快、距离远时采用。单手垫球可结合滚动、前扑、鱼跃等动作来完成。垫球时用虎口或手背击球的后下部。击球时有向上翘腕的动作。

❖ 背垫球

即背向出球方向的垫球。常在接应同伴来球，或第3次处理过网球时采用。

❖ 鱼跃垫球

来球低而远时采用。队员先放低姿势上体前倾，以前脚用力蹬地向远处跃出，将击球手臂插入球下，用虎口或手背将球垫起。身体落地时两手先着地支撑，两肘缓慢弯曲以缓冲下落力量，同时抬头、挺胸、挺腹、身体成反弓形，形成手臂、胸部、腹部、大腿依次着地。手的支撑均要在身体重心的运动轨迹上。为扩大防守范围，有时还可用肘滑鱼跃垫球。

❖ 滚翻垫球

垫球技术的一种。来球低并且离得远时采用，女子运用较多。滚翻垫球可充分发挥移动速度，保护身体不致受伤，并迅速转入另一动作。有双手、单手滚翻垫球。

扣球——打出你的风采

扣球是排球运动基本技术之一，是进攻的最有效方法，是得分和得到发球权的重要手段。一个队攻击力的强弱，往往取决于该队的扣球技术水平。现代排球中扣球威力体现在速度、力量、高度、变化和技巧诸方面。扣球由准备姿势、判断、助跑、起跳、空中击球和落地动作衔接而成。主要有正面扣球、勾手扣球、快球、调整扣球、单脚起跳扣球等。

❖ **超手扣球**

利用身高和弹跳优势，将球从拦网者手的上空击入对方场区。这种扣球线路较长，落点较远。队员起跳后利用收胸动作带动手臂挥动，以手掌甩腕击球的后中部或后中下部，手腕有包击动作，球呈前旋飞行。

❖ **轻扣**

佯装大力扣杀，而在击球的瞬间突然减低手臂挥动速度，把球轻轻击入对方空当。助跑起跳、挥臂动作与大力扣杀一样，但击球前瞬间挥臂速度突然减低，手腕保持一定的紧张感，手掌向前上方做“推搓”动作，使球越过对方拦网后呈弧线落入对方空当。

拦网——一战定乾坤

拦网是排球运动基本技术之一，是防守的第一道防线，得分、得发球权的重要手段，是反攻的重要环节。拦网水平的高低直接影响比赛的胜负。有单人拦网和集体拦网。成功的拦网能直接拦死对方的进攻，使本方由被动转变为主动，并能削弱对方进攻锐气，给对方造成较大心理威胁。

排

球

第四章

排球——另外的一种战争

上善伐谋——关于排球的战术

排球战术是指运动员在比赛场地中，根据排球的规则和排球运动的规律以及场上比赛情况的变化，合理地运用技术以及采取有意识、有目的、有针对性的相互配合的个人和集体行动。

世界排球运动在经过一个多世纪的发展与不断的改革与变动，其在内容、形式、规则各个方面逐步出现创新和改革。社会不断进步，传播手段的现代化、多样化和及时化，使得排球比赛得以普及化和大众化。排球比赛的战术形式和内容也随着实践和研究的深入而产生了巨大的变革。排球这项运动越来越受到观众的喜爱且越发高水平是排球战术不断发展的结果。

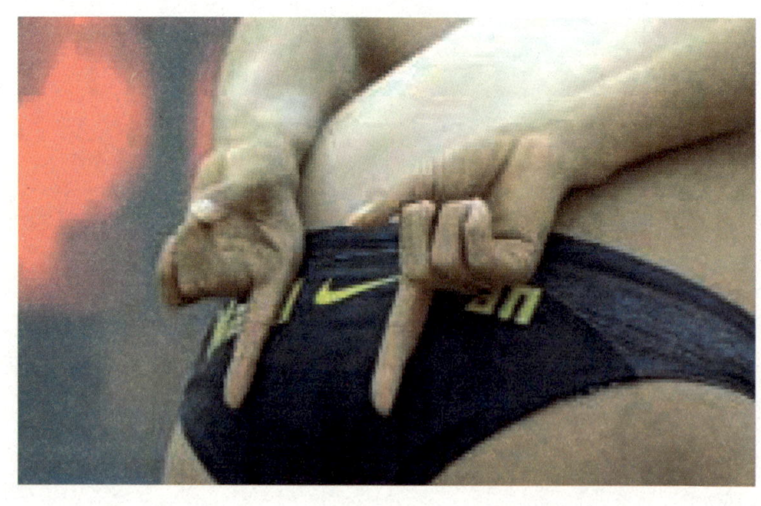

❖ 以基本技术为基础

说起排球战术，不得不提到排球技术。技术和战术之间相互联系、相互制约、相互依存，在实际比赛中，两者相互配合，缺一不可。一般地说，技术发展是走在战术的前面的。当技术发展到一定的程度，比较成熟之后，某种新的技术会出现，原

有的技术会得到改进，战术在此基础上开始逐步发展成熟起来。反过来，先进战术的组织和运用会反作用于技术，推动技术的提高与发展。技术是战术的基础，战术是技术的综合应用。没有熟练精湛的技术做前提，何来完美成功的战术配合。如要组织和运用某种战术，则必须具备与该战术相匹配的技术条件。另一方面来说，技术在通过有组织性的战术才能得到充分发挥并加以良好地运用。只靠有好的技术的球员单打独斗是不可能

取得胜利的，只有配合其他队员通过合理的战术才能做到克敌制胜。

简单介绍一下排球技术。排球技术是指在排球比赛规则允许的情况下，运用人体生理学和运动学等原理，采用正确击球动作以及其他配合完成击球的动作。排球技术包括准备姿势和移动、发球、传球、垫球、扣球、拦网六大类。首先，在排球技术中，动作完成得迅速利落，时间很短。其次，对于技术动

作的完成，运动员要有准确灵敏的判断能力。第三，完成技术活动身体活动范围比较大，需要消耗运动员较多的体力。最后，在进攻技术和防守技术之间，没有明显的界限。

❖ 进攻和防守之间迅速转换

在排球比赛中，始终贯穿着进攻和防守的对立斗争，进攻和防守这一对矛盾组成了运动的全过程，攻和守不停地转换、

变动，两者相互依存，相互制约，并相互渗透。进攻可以夺取主动，力争得分；防守可以力避失分，目的在于进攻，是辅助

进攻或准备转入进攻的一种手段。运动员要根据赛场上的实际情况，灵敏迅速地做出反应，进攻和防守不断穿插构成了整个比赛。

❖ 依靠集体合作个人技术得以发挥

在球队中，运动员个体首先要具备一定的水平和实力，这是好的战术得以运用的基础。有天赋有精湛技术的球员每个球队都有，他们总能在比赛中展现出自己的实力与魅力，比赛场上

大多数的比分是他们拿下的，他们赢得了世界球迷的赞叹与追崇，球场上的他们风光无限，但是这一切都是建立在全队球员的默契配合和恰当的战术运用之上的。只有队员们积极配合，依靠集体的合作，运动员的个人技术才可以得到充分的发挥。在集体战术配合的基础上，个人战术的积极作用才能得到充分发挥；只有充分发挥个人战术的积极作用，集体战术才能丰富多彩，效能才可提高。单打独斗是根本不可能的。运动员之间的配合、集体的合作以及个人精湛技术才是克敌制胜的法宝。

在战术的分类上，由于我们选择区分的角度不同，这些技术也会被分成很多不同的种类。下面我们就通过个人和集体的角度去分析一下排球战术。

战术——个人篇

排球个人战术是指在实际比赛中，靠个人技术动作的巧妙变化并加以灵活运用，达到进攻和防守的目的。个人战术包括这些技术：发球个人战术、一传个人战术、二传个人战术、扣球个人战术、拦网个人战术以及防守个人战术。

同篮球、足球等运动项目类似，排球作为一种集体项目，特别注重集体的配合，但是完美的配合并不是说出来的，排球的战术需要每个排球运动员个人具有扎实的基础和战术素养。这也是一支排球队在比赛中完美配合、出奇制胜的基础。在介绍个人战术之前，我们先了解一下一支排球队的组成和分工。

在一场排球比赛中，集体中每个运动员都有自己的分工和职责。对于排球初学者来说，学习和了解排球运动员的分工和职责。是正确认识个人战术和提升自己战术素养的前提和基础。在排球比赛中，场上的六个人通常有如下几种身份和分工：攻手（分为主攻手和副攻手）、二传手以及自由人（专职防守的球员）。

主攻手是指一支球队里的主要攻击手，也是防守反击的主要得分手。如果大家经常看排球比赛就会发现，主攻手一般站在 4 号位或换位到 4 号位。既然主攻手的作用这么重要，所以说这个位置对球员素质有非常严格的要求。通常主攻队员要求身材高大，弹跳力强，拥有强劲的扣杀力，擅长强攻，善于突破对方的防御，精于扣调整球和各种战术球。

副攻被誉为一支球队中的“城墙”，通俗地讲，就是说作为一名副攻队员，必须具备优秀的拦网技术，否则就谈不上是

一名优秀的副攻。进攻中副攻站在 3 号位。副攻对身体素质的

要求中身高是首要的，我们看到副攻通常是一支球队里面身高最高的。可是仅有身高并不能完全压制对方的进攻，其他个人战术素养如脚下的移动、预判、起跳的时机、拦网手形，这些都是不可分割的，需要协调使用，才能发挥出副攻的作用，给对手以强大的压力。副攻手是经常靠近二传手位置打出快攻的球员，并且副攻手的职责也需要阻挡对方副攻手的快攻。

二传手又称举球员或者是托球手，堪称一支球队里的灵魂，在组织进攻中发挥重要作用。具体来讲，当对方来球后，二传

手需要进行第二次传球，将球传送给主攻手并实施战术、组织进攻。娴熟的二传技术是托球手的战术基础，此外还要求二传手视野宽广、头脑冷静、意志坚强和具有很强的战术意识，能

够随机应变，充分发挥每个人的优势组织好进攻力量。一般每支球队需要配备 1 ～ 2 名二传手。

随着现代排球的发展，逐渐产生了“接应”，接应也日益成为当今排坛中的弄潮儿。从世界范围来看，在许多高水平的球队里，无论男排还是女排，接应的位置已经逐渐取代主攻，成为赛场上的主要得分手，被誉为一支球队里的“定海神针”。

前面我们讲到了一支球队中的主攻、副攻、二传手和接应几个角色，还有一个角色在排球比赛中也是非常重要的，那就是被称为“球队保姆”的自由人。赛场上自由人是很容易辨认的，他们的着装颜色与其他队员是不同的。自由人的所谓自由，是说在比赛过程中，自由人可以根据战机和防守的需要与要求，不用向裁判提出申请，就能随时代替后排中的任一队员参加比赛。一般要求自由人队员身材矮小、灵活、快速，有较强的应变能力，掌握出色的防守技术并且具备良好的心理素质。

前面我们了解了赛场上排球运动员的分工和职责。既然每个位置、每种分工都那么重要，那么作为一名排球运动员具备良好的个人战术素养就是必备的了。你可能会问什么是排球个人战术素养，排球运动员都需要具备什么样的个人战术呢？相信下面的讲解会使你豁然开朗。

所谓排球个人战术意识，是指排球运动员在参加排球训练和比赛等实践活动中，所产生的对排球运动技术和各种动作的运用时机和条件的规律性认识。举个简单的例子，在排球比赛中，每个运动员的动作行为会给观众留下不同的印象，对那些表现不尽如人意的队员，观众常常会说某些动作呆板、进攻不主动、防守不积极、跑位不正确等。有如此表现者均属个人战术素养问题。接下来我们将对排球比赛中常用的个人战术逐一向大家介绍。

❖ 准备姿势

准备姿势是指排球运动员在训练和比赛中准备迎接各种来球的身体姿势。很显然在排球比赛中进攻和防守等诸多战术都是在准备姿势或快速移动后完成的，因此准备姿势是各项技术

的基础。在做准备姿势时，要求运动员的注意力高度集中，以便调整身体处于最合适的移动和防守状态之中。这样一来，运动员便能够随时以最快的速度移动到合理的位置，进而完成各项技术动作，有利于整个团队战术的应用。

那么合理正确的准备姿势是什么样的？这也是有一定标准和要求的。一般来说，按照运动员身体重心的高低，正确的准备姿势可以分为稍蹲、半蹲和低蹲三种。而半蹲在实际比赛中

是使用最多的，我们就详细介绍一下半蹲的方法。半蹲的具体动作为：两脚分开一定的距离，大概比肩稍宽（女子比男子更宽），两脚尖朝向内侧，与此同时使脚后跟抬起，膝关节弯曲，大小腿之间约呈 90 度。这个时候，还要使你的上体微微前倾，从而使你的重心着力点在前脚掌拇指根部的位置，然后你的两肩

需要前探超出膝关节，两臂自然弯曲置于胸腹之间。做好准备姿势以后，你需要抬头看球，准备随时移动，进行下一个动作。准备姿势是最基础的也是最简单的，大家需要在实践中多多练

习方能逐渐把握其操作要领。

❖ 移动

在做好准备姿势后，运动员需要进行适当的移动，进而去击球或接球。移动的作用是为了接近球，保持好人与球的位置关系，以保证击球动作的合理。在比赛过程中，第一传、第二传以及后排防守、拦网和扣球时，你都应该面对来球，使球保持在身体前方适当的位置进行接球或击球，才能达到最佳的效果。因此，你必须快速移动，及时占据有利位置，击球或者接球。这也要求运动员一定要视野宽广，头脑冷静，反应迅速，认真判断来球的方向、速度、力量、弧度和落点等，从而采取相应的移动，比如向前、向后、向左、向右移动和并步、滑步、跨步、交叉步和跑步等方法。

❖ 发球

发球是排球赛比赛开始时，发球队员站在端线之后，将球抛起，从网上空两标志杆内击入对方场区的技术动作，是排球运动员的基本个人战术之一。发球往往作为一项先发制人的进攻技术，攻击性发球不仅能够直接得分，还能破坏和削弱对方的进攻，打乱对方原有的部署，在心理上给对方造成威胁，使对方的信心和士气动摇，从而使本队获得拦网和进攻的有利时机。发球的方式很多，常见的有飘球、上手飘球、勾手飘球、跳发球、高吊发球、下手发球等。

发球找人

在发球时，一个看似很简单的动作，往往能够给球队带来意想不到的结果。首先我们最专注的一个战术要点就是，把球传给对方技术较差的队员，这样能够造成对方一传失误，给对方造成慌乱。其次当我方处在优势时，如果能够抓住时机将对方的失误扩大也是一个不错的决定。这时发球就可以有指向地发给对方出现连续失误的队员，这样由于对方不断丢分，可能会产生焦躁心理，利用这一点达到攻心的效果。再次如果我们把球发给刚上场的一些球员，那么这些球员可能会不熟悉场上的形式，做不到很好地配合或者会做出错误的判断，这样我们发球扰乱对方的设想也就实现了。最后，在一个队伍的前排球员中因为要涉及拦网动作等，多具有很高的身高，但是身体的协调性难免会有所减弱，并且技术上前排队员多侧重进攻，对于发球也许会存在薄弱环节，我们可以抓住这个破绽，将球发

给快攻队员，出奇制胜。

发球找点

除了去分析对方球员之外，发球更是一项需要我们做到细致观察的技术：首先，在场上两个队员之间，不见得就是防守最严密的地方，而恰恰相反，对方可能会由于配合不够默契增大失误的概率。说到观察，我们更应该去观察场上每个球员的动向，二传球员是对方组织防守和进攻的核心，当我们把球穿插到对方二传球员跑动路线上时，也会帮助我们打乱对方防守和进攻的节奏，从而克敌制胜；当然最主要的还是抓住对方明显的漏洞，比如对方出现空当，这时一个快速的发球指向空地很可能会给对方造成慌乱，甚至给我方带来得分。同样对方刚

刚换位的球员会有注意力不集中的情况，并且来不及去调整的重心也是一项难题，当对方刚换位，也可能会对对位的球员不够了解，所以当我们发球时就会对其造成麻烦。最后一点，我

们的场地虽然有限，但是每个人的运动能力同样有着极限，后场以及边角通常是防守薄弱环节，并且在底线的传球到前场会有一定技术难点，所以发后场球也是一个不错的选择。

变化发球路线、距离、性能和方法

发球上，除了需要因地制宜以外，更重要的是加强自身的技巧，当我们的技巧可以达到非常完美的水平，那就真正攻无不克了。当然，没有完美的人，也没有完美的技术，但是我们还是需要力争每个动作都达到完美。

在发球的时候，我们还是需要采用一定的技术战术去给对方压力。当我们在发球区时，可以采用不同的站位、不同的发球线路，这样能够起到迷惑并牵制对方的作用。当进行长距离传球时，大力发球会给对方造成技术失误，并且球的高速旋转也会让对方露出破绽。正所谓兵不厌诈，球场上发球也毫无规矩可讲，有的只有规则，我们只要在规则允许的范围内，不断地改变发球的套路，就会给对方很大的压力，使我方掌握赛场

的节奏。

根据比赛临场情况采取不同的发球方法

在每场比赛中，不同的队伍都有着不同的特长，当对方的前排攻手攻击力较强而我方的前排拦网出现一些问题时，就更需要一个好的发球去改变这个态势。我们应该采用攻击性高的发球，将对方的一传尽量破坏，从而能够打乱对方节奏，给我方防守带来优势，摆脱防守的被动。

每当我方处在有利地位时，我们就需要尽量保持住我们的优势地位，将比赛的分数扩大，

把优势带向胜利，所以在这时发球就会起到一个稳定团队心理的作用，将发球的准确性提高，尽量求稳，防止将有利时机葬送掉。

一场比赛或者一个球队，不可能一直都能够顺风顺水，但是在面对劣势时更要保证一个良好的心理状态。我们的发球在每回合的开端，都是一个能够带动大家情绪的球，所以在劣势时我们应该在发挥自己技术的基础上，将准确性提高并减少失误。

在决胜局比赛中，更应注意发球的准确性，避免因发球失误直接失分。

❖ 垫球

垫球是用于接发球、接扣球、接吊球、接拦回球和处理各种难球的基本技术。垫球的动作一般为，在距腹前一臂距离处借助蹬地、抬臂动作，用双手前臂的前部，利用来球的反弹力

将球击出。为了取得良好的垫球效果，在垫球时我们应该具备正确的准备姿势、合理的击球手形、准确的击球动作和合理的击球部位，并且注意调整手臂与地面的用力角度。良好的垫球技术可以保证在比赛中争取多得分、少失分，往往可以化被动

为主动,同时也是保证本方进攻的基础。按动作方法,可分正垫、背垫、半跪垫球、前扑垫球、肘滑垫球、滚翻垫球、鱼跃垫球、侧卧垫球、单臂滑行铲球、单手垫球、挡球等十多种。

❖ 传球

传球常被认为是组织战术的基础，在六人制排球也称“二

传”。随着当代排球技术全面、快速多变、战术多样的发展趋势，传球的作用在比赛中更加凸显。传球的种类和方式很多，主要有正面传球、侧传、背传、跳传、晃传等。其基本动作为在额前上方用双手或单手借助蹬地、伸臂动作，通过手腕手指的弹击力量来完成击球动作。传球主要作用是把接起的球传给前排队员进攻。我们知道传球是通过双手的手指手腕动作来完成的，它的好处在于控球面积大，准确性高，易于掌握传球方向、速度和落点，能组织快速多变的进攻战术，达到战术目的。所以说，一个队的进攻能力能否得到充分发挥，在很大程度上取决于该队的传球水平。此外，为了争夺网上优势，使进攻战术快速灵活，二传手更起着关键的作用。

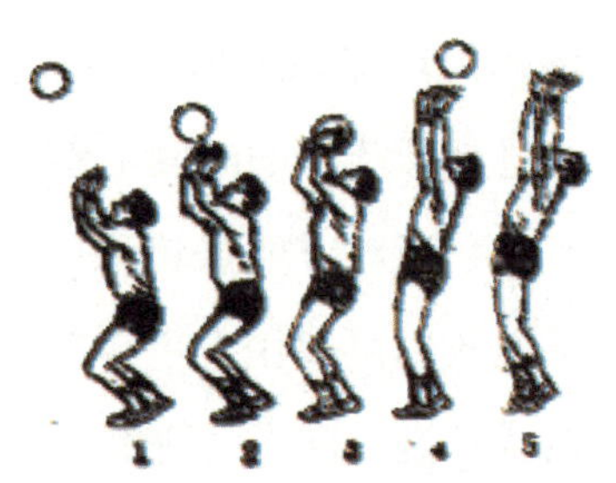

一传个人战术

1. 组织快攻战术时，如对方发球的力度较小，这时一传的弧线要低一些，速度要快一些，以提高进攻的节奏。

2. 在交叉战术上，应该在前交叉战术将一传落点交到二号位的手中，在后交叉战术中将一传落点放在二号位，从而继续二传组织进攻。

3. 二次进攻的时候，就更应该谨慎小心地去寻找机会进攻，所以在一传上我们要给我方进攻球员更好的进攻机会，所以一传的传球应该采取弧线较高的球，这样能够更好地控制落点，并且高球落下的时间能够给我方进攻球员充足的准备时间。

4. 当对方的进攻采用吊球或者垫球的方式过网，由于球速很慢我们可以用上手传球的方式，直接将球传给我们的二传球员或者进攻球员，进而采取反攻。

5. 作为一名一传队员，特殊的情况也需要我们做出进攻的判断，所以当对方出现很大的空当，或者由于我方猛烈的进攻打散了对方的防守阵形时，我们可以适时地直接采用一些进攻技术直接将球攻到对方场内，不必再去传球。

二传个人战术

二传技术作为一个进攻和防守的中间过渡技术，对于其本身并不存在一些特定的要求，主要是需要参考场上形势和对方的能力来进行本方攻防配合。

1. 在比赛前，我们要在双方的技术水平和其特长上多做赛前了解，比赛时注意双方在场上的临场发挥。作为一名二传队员，我们就需要更加侧重观察对方攻手的位置，经过观察，做出判断去选择传球的方式和路线，通过近网、远网以及中网等技术的变化，在场上把球传给发挥较好较稳定的球员，能够将进攻和防守做到最好。

2. 在组织进攻的时候，需要二传队员去将球策应给进攻球员，面对对方拦网的布局我们应该在传球时选择对方拦网防守的薄弱环节，这样能够避开一些集中的拦网并且能够造成出其不意的效果。除了这种方式还可以即时地转变战术向着对方防守队员感觉别扭的死角进攻，这样能够利用进攻手段压制对方。

3. 当对方的发球力量较大且路线刁钻时，我们的一传很可能会被打乱节奏，从而在传球时会有一些位置上的偏移，这时二传更要体现出能够稳定住场上节奏的作用。我们可以根据一传的线路来合理地改变进攻的战术，将节奏重新带回主动。并且当一传很到位时，我们可以利用有利战术去调整进攻手段，一传不到位的时候，我们就需要调整传球的进攻战术，并且当一传较高并靠近网前时，我们可以果断地将球吊过对方场区采取进攻。

4. 我们在场上最主要还是通过观察对方的防守分布，组织起我方的进攻。在传球进攻时多样的技术能够为我们提高一定的容错率，并且在传球时，需要我们能够有重点地将球传给我方技术发挥较好的队员，但同时也要关注局势将球传给最有利的进攻球员，将正常比赛做到最好。

❖ 拦网

拦网是指队员在网前以腰部以上身体任何部位（主要是手臂、手掌），在球网上沿阻挡对方击球过网的技术动作。拦网是防守的第一道防线，是反攻的重要环节。拦网可将对方有力的扣杀拦起，减轻后排防守的压力，为本方组织反攻创造条件。拦网的战术意识在赛场上的表现有：当对方一传或防守起球非常到位时，我方应根据对方进攻战术而采取不同的拦网战术，应把重点放在三号位快球和第二点战术进攻的情况上；对方一传或防守起球不到位，很难组织快攻的时候应放弃拦快球，把拦网重点完全放在拦高球上。另外拦网要有主次之分，对于对方的主要攻手要特殊照顾，还要顾到本方的后排薄弱区域。

拦网个人战术

1. 在拦网时，要密切注意对方手上的动作，因为这个动作决定了对方进攻的路线。做好观察，当我们发现对方发球的路线是一个错误的路线时，可及时收回手臂，引发对方扣球失误。

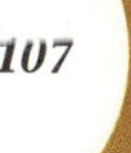

2. 作为一种行之有效的防守方法，拦网时不但要去观察也需要做到反观察，在对方观察我们的同时，我们可以用一些动作去迷惑对方，让对方走进自己的圈套。如站直线拦斜线或站斜线拦直线，在空中拦直线时，突然移动手臂拦斜线等。

3. 当对方扣球威胁较小或判断对方可能采用吊球时，可先做拦网假动作，随即后撤防守。

❖ 扣球

扣球是一种重要的个人战术，由运动员助跑跳起后在空中用一只手臂作弧形挥动，用手将本方场区上空的球，从两标志杆内的球网上空击入对方场区的技术动作。基本动作包括判断、助跑、起跳、击球和落地等互相紧密衔接的五个部分，包括正面扣球和勾手扣球等多种技术动作。扣球在比赛中是进攻最积极最有效的武器，是得分、得权的主要手段。我们也多通过扣球来衡量一支球队的进攻实力。其攻击性表现在:高度、力量、速度变化、技巧、突然性以及各种假动作和佯攻等方面，具有十分强大的威力。

❖ 防守

1. 在防守的时候，我们要密切观察对方二传的动向，因为二传的落点也就决定了进攻点，并且进攻点的范围是有限的，这样预测和观察好传球和进攻路线就能够及时地去站位，做好十足的防守准备。在一些特殊情况下，前方的拦网球员可能因为重心和时间点没有跟上因而没有来得及拦网，这时如果我们离网比较近时，就可以向前采取战略防守站位补位。当我方队员已经采取拦网动作时，我们应该积极采取后方站位进行补位。

2. 每个人都是一本书，每个人的风格都会在其技术上表现出来。如果能够在赛前观察并了解对方球员的技术风格，就能够了解其惯性动作，这样能够去采取相应的防守，了解对方的扣球队员的技术特点，我们就能够有针对性地去采取防守动作。当对方进攻多倾向于吊球，我们应该多靠前站位；如果对方打吊结合，这时就要求我们能够灵活取位；如果对方的扣球点在后排居多，我们就会去部署严密的后排防守。

3. 防守时，我们也应该去根据本方的防守空隙，比如拦网的位置少人，就应该去及时地补位，主动去配合我们的网前队员将防守做到尽善尽美。

4. 要根据比赛时的比分情况，注意分析对方扣球队员的心理活动，采取有效的防守措施。如当对方扣球队员连续扣球被拦时，可能采用吊球，防守应注意向前移动。

战术——众人篇

排球战术是根据比赛双方的情况，正确地分配力量，充分发挥本方特长，限制对方特长，为战胜对方而采取的合理有效的计策和行动。在排球比赛中，如果比赛双方势均力敌，那么谁的战术意识强，谁就能把握比赛的先机，此时团队的战术就成为比赛胜负的决定因素。

排球战术在比赛中主要体现在进攻、防守两大体系战术方面。同世界上普遍存在的对立统一规律，如运动和静止、前进与后退、快与慢、高与低等一样，就排球运动而言，它的进攻与防守就是一对相互对立统一的矛盾。排球的比赛过程，实际是攻、防战术对抗转化的过程，进攻战术是为使球在对方场区落地或造成对方各种失误，防守则相反。在排球比赛中，有效反击的基础来源于较好的防守，好的防守与有效的反击，在很大程度上是得分或夺权的主要手段。

❖ 进攻战术

在排球比赛中，进攻是争取得分、取得胜利的主要手段。进攻的目的在于夺取比赛的主动权，有效的进攻可以破坏和削

弱对方的进攻，减轻本方防守的负担。为了使球在对方场区落地或造成对方失误而采取的一切合法手段，都称为进攻，是指接对方来球后，全队所组成的有目的、有组织的配合。我们回到进攻战术的本源，因为排球运动中的一切来球不外乎是对方发来的球、扣来的球、拦回的球及传垫过来的球四种形式，所以集体战术中的进攻战术就分为接发球进攻（一攻）、接扣球进攻（防反）、接拦回球进攻（保攻）与接传垫球进攻（推攻）四个部分。

排球运动不断发展，进攻战术也日益丰富。当前排球运动已进入一个新的发展时期，随着球员技术水平的提高，排球进攻战术日趋丰富多彩。现代排球进攻技战术手段，由点到线、由线到面、由面到立体，充分利用时空的变化，形成了各种快慢、掩护、跑动的技术、战术，已成为世界各国排球队的发展方向。

进攻战术是由一传、二传、扣球三个环节所组成的。主要分为进攻阵形和进攻打法两方面。下面我们就从这两方面探讨进攻战术。

❖ 进攻阵形

所谓进攻阵形，就是一支球队在排球比赛中进攻时所采取

的基本队形。只有选择了合理的进攻队形，才能为灵活使用各种进攻战术创造条件。基本的进攻阵形主要有三种，分别是“中一二”“边一二”和“插上”。

1. “中一二”进攻阵形的打法是，3号位队员做二传，将球传给2、4号位队员组织进攻。这种进攻阵形是进攻战术中最简单、最基本的，其优点是二传队员居中站位，一传向网中间3号位垫球比较容易，二传向2、4号位传球的距离较短，容易传准，有利于组织进攻；此外，战术配合简单，适合初学者采用。当然，此阵形也存在一定的缺点，那就是战术变化少，只能两点进攻，战术意图容易被对方识破。这种阵形在技术水平较低的球队中多被采用，在某些特定条件下，高水平的球队为稳定战局或在来不及组织复杂战术进攻的情况下，也经常采用。

2. “边一二”进攻阵形的基本打法是，2号位队员做二传，将球传给3、4号位队员组织进攻。其优点是右手扣球者在3或4号位扣球都比较顺手，战术变化也比较多。缺点则是对一传要求较高，尤其5号位队员向2号位垫球时，由于距离远，角度大，控制球难度较大。一传偏至4号位时，二传接应较困难。

3. “插上”进攻战术的基本打法是，2号位队员由后排插上

到前排做二传，把球传给 2、3、4 号队员组织进攻。这种后排插上的进攻战术是现代排球先进战术的主要战术形式。其优点是始终能保持前排三点进攻，战术配合变化多，并能充分利用网的全长组织进攻，而缺点在于对插上二传队员水平的要求较高，增加了防守队员的压力，尤其是对方发球攻击力强，或发球效果好的破“插”发球，会使“插上”增加难度或失去意义。目前世界强队在接发球及接传垫球时进攻中普遍采用“插上”组织进攻。在接扣球及接拦回球进攻中，所占比例也正在逐渐增加。

❖ 进攻打法

现在大家初步了解了排球比赛的常见进攻阵形，在此基础上进一步学习排球进攻战术中的进攻打法是十分有必要的。进攻打法是指二传队员和扣球队员之间所组成的各种配合。归根结底还是强调配合的方法。当进攻队形确定以后，我们可以灵活采用各种进攻打法，实现避开拦网、突破防线等诸多目的，在比赛中赢得主动。一般来讲，进攻的打法有强攻、快攻、两次攻及转移立体进攻等。

强攻和快攻

快攻，指各种平快扣球及以平快扣球掩护同伴进攻或自我掩护进攻所组成的各种快速多变进攻战术的总称。包括快球进攻、时间差进攻、位置差进攻和空间差进攻等，其中时间差、位置差和空间差进攻战术又统称为自我掩护进攻。

强攻，是凭队员的身材高度优势，利用扣球的力量和技巧，一个人强攻来突破对方防御的战术变化。一般包括集中进攻、拉开进攻、围绕进攻、后排队员进攻。

快攻与强攻都是进攻的重要手段。快攻战术是运用各种快球和以快球为掩护的各种战术变化，目的是出其不意，攻其不备，以突破对方防御。强攻战术是凭队员的身材高度和弹跳高度优势，利用扣球的力量和技巧，以个人强攻来突破对方防御的战术变化。快攻与强攻是相辅相成的两种战术打法。综观国内外排球比赛成绩，一个队必须具有快攻和强攻两套战术，才能进入世界强队行列。快攻战术是我国排球运动的特长。

两次进攻

当一传来球较高，又在网前适当位置，前排队员可以起跳在第二次击球就进行扣球，如遇拦网，就在空中改做二传，转移给其他前排队员进攻，这种打法就称为二次攻战术。其特点是在三次击球过网的过程中，有两次扣球进攻的机会，而且前排仍可保持三人进攻，具有较大的突然性；第二次就扣可以加快进攻速度，破坏对方的节奏；运用两次转移，能迷惑对方拦网。不足之处是对扣球队员要求较高，难度较大。两次进攻目前在实战中运用较少，但效果却较好。在对方发球攻击性小，扣球威力不大，或对方吊球，或把球传垫过来时，以及我方将扣球拦起时，均可采用。

立体进攻

立体进攻，指前排队员运用各种快变战术组织进攻，同时也掩护后排队员从进攻线后跳起进攻，形成横向、纵深、全方位的进攻。这种打法称为立体进攻。比赛当中，在前排队员运用多种快变战术组织进攻的同时，后排队员从进攻线附近跳起进攻，形成横向和纵深都有进攻的打法。立体进攻以前排为主，后排为辅，前排队员快速突破是立体进攻的核心。前排佯攻逼真为后排突扣创造有利的机会。后排队员积极跑动牵制对方，为前排快速突破创造条件。

通过以上的讲解，大家对进攻打法应该有了一个初步的了解和认识。那么在比赛中选择什么样的打法最好呢？这就是进攻打法的设计问题。因为进攻的打法很多，通过简单的组合，我们能够得到很多种打法。举个简单的例子，快球掩护进攻就是快球和其他进攻打法组合产生的一种新的进攻打法，刚才讲到的立体进攻其实也包含了许多进攻打法的组合和变化。进攻打法不分所谓的先进或者落后，只要能够应用于比赛中克敌制胜，就是好的打法。

进攻打法中进攻的时间和空间是两个最重要的因素，要采用与之相对应的战术和打法，在时间和空间上占据优势。此外，在比赛进攻中，也要考虑比赛双方的实际情况，尽量创造时机拿自己的长处攻对方的短处，达到最佳的进攻效果。

进攻战术的注意事项

1. 进攻是一个队伍的事，不能过分个人主义，强调一个人的作用是没有办法取胜的。应该加强对团队意识的培养。

2. 在训练时应该着重增加某两个环节的衔接，应该进行小组间的练习，最后进行整队间的磨合。

3. 由浅入深，循序渐进。先进行各种单一条件下的防守配合，再进行接发球的战术配合。

4. 结合本队实际水平，选择战术打法。

5. 靠实践去磨炼战术，应该将战术的训练放到攻防的转换中去，将战术作为一种意识烙印在队员心中。

❖ 防守战术

防守不仅是减少失分的一个重要方面，也是得分的基础。除发球外，每发动一次进攻都是在防守的基础上进行的。例如，接发球进攻是在防起对方发球之后，才能完成的；接扣球进攻是在防对方扣球之后，才有可能完成的。因此，可以说，没有防守，就没有进攻。比赛中，防守水平主要取决于个人防守能力和集体防守战术的运用能力。个人防守能力是全队配合的基础，固然，个人的一切防守活动，也需融合在全队的战术之中，这样才有利于个人特长的发挥。防守是争取胜利的基础，是阻碍与干扰对方进攻与减少失分的重要手段。防守是手段而不是目的，单纯消极的防守往往会使球队处于被动地位，而防守的最终目的是进攻。

前面我们已经讨论过防守与进攻的辩证关系，也介绍了常见的进攻战术。俗话说知己知彼百战不殆，根据对方的进攻特点，进行相应的防守布局，这是防守成功的基础，也是

关键。

知己知彼方能百战不殆

在进攻中每个攻手都有自己的特点，如扣球的手腕变化、吊球的路线、落点分布、习惯动作等，值得提醒的是在比赛之前，必须了解、掌握对方主要队员的特点，来制定具有针对性的防守阵形。如果比赛前不了解对手，就应在开赛最短的时间内观察并分析对手的技术特点，以便为本队防守做出相应调整，这就要求我们在平时的学习中更注意观察、善于发现、训练系统化、动作细腻化，这种应变能力是能否有效防御对方进攻的重要因素。

防守强攻的战术布局和变化

如遇对方依靠身材高大、弹跳力强的条件，用高度和力量

突破防守时，守方可选队内身材高大、弹跳力好的队员组成双

人或三人拦网。拦网时，一定要深蹲起跳或助跑起跳来争取最大高度，拦住扣球路线。不拦网的队员要在最快的时间内撤退，保护中心区域，后排防守的三个队员要跑动防守、灵活选位，对拦网碰手反弹球要积极保护、争取调整组织反攻。这需要全队队员全神贯注地进行防守。

防守快速进攻战术布局及变化

在防守以 3 号位快球为核心及在其掩护下进行两边拉开进攻战术时，主要是在人钉人拦网的情况下来布置防守阵形，保护拦网由前排担任，后排三个队员全力防守，结合“眼神”预判法，力争反攻。如对方 3 号位掩护，4 号位要拉开扣球时，本方的 2 号位主要拦网，3 号位快速移动、切、助组成双人拦网。如来不及拦网要立即后撤防守保护拦网，切莫既不拦网又不防守。1 号位看到双人拦网可跟进，防止对方吊球，若是单人拦网则守直线防扣，4 号位就要后撤参与防守。

对后排防守的保护

后排防守时，经常出现把球垫飞的情况，因此必须互相保护。防守队员垫飞的球很不规律，不接球的队员要准备向各个方向迅速移动、互相保护，彼此接应。如 5 号位防守时，6 号位的队员就必须面向接球者准备保护飞向各个方向的球，1 号位接球应尽量组织反攻。相反，1 号位防守时，6 号位的队员准备保护，5 号位接应组织反攻；6 号位防御时，1 号位和 5 号位的队员要准备保护接应，前排拦网的队员在拦网落地后，要立即转身接应后排防起到网前的球，并组织有效进攻，力争得分。

除了根据对手的进攻特点，有针对性地组织防守以外，重视集体协同防守，灵活应用全队移动防守，也能为防守战术增色。

要高度重视协同防守

在比赛中要想尽快得分，最重要的是有效的防守，只有抓住防守的球队才能取得最终的胜利。比赛中不管是前排队员还是后排队员都要积极进行防守，尤其是前排队员，不要只参与进攻不参与防守。特别是拦网的队员，要积极“下落”，尽量参与防守，做到人人参与“防守”，人人参与“进攻”，不要给对手留下任何的防守和进攻的漏洞，真正做到：前后呼应，左右互相弥补。

全队大范围移动防守

比赛中大范围的移动防守会让对手措手不及，由于全队的防守意识较强，这会使得对手失去信心，无论球到哪里，都有人在防守，经常让对手不知道要把球处理到哪个位置，没有了弱点，很容易造成对手的失误，本队得分，这对比赛的胜利有重要作用。

总而言之，通过对进攻战术和防守战术的学习，我们应该建立这样的认识，攻守交替发展是排球运动自身的规律。进攻水平提高，必然会促进防守水平随之提高，而防守水平的提高，反过来又刺激进攻战术的发展。例如，发飘球与手臂垫击，扣球打手出界与盖帽拦网，跑动进攻与重叠拦网的对抗发展等。因此，在排球比赛中必须贯彻“攻防兼备”“全攻全守”的思想，运动员要掌握全面的攻防技术和战术，这样才能在比赛中争取主动克敌制胜。

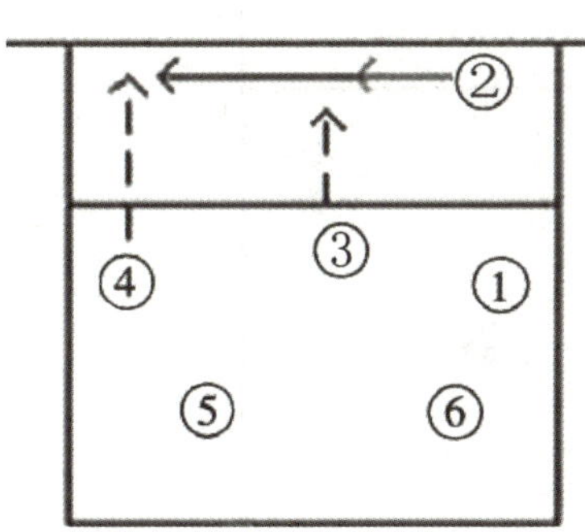

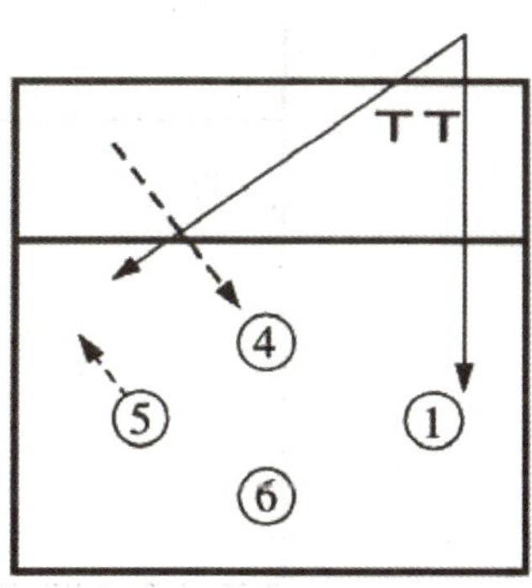

❖ 阵容配备方法

作为一场比赛的排兵布阵，这项战略技术是指衡量全场的战事，合理地分配全队力量手段。做好阵容的配备就能够更好地利用每一位球员的特长和特点，让全队的力量拧成一股绳，把每个人的能力最大地发挥出来。

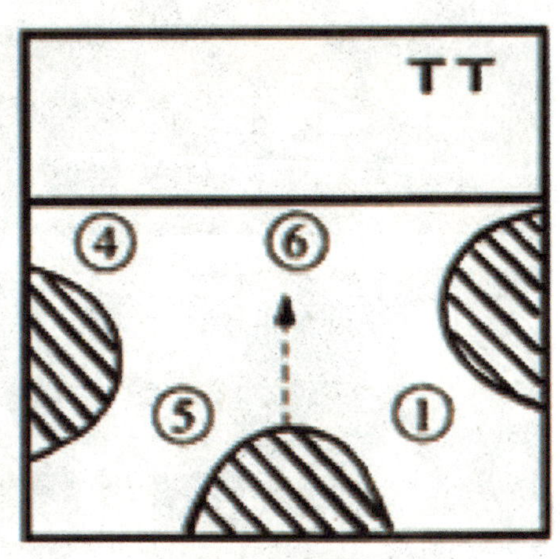

“四二”配备

这其中的四便是指四个负责进攻的队员，而二便是说有两个队员来负责二传，当然“四”也是分为两份，两人主攻两人副攻。

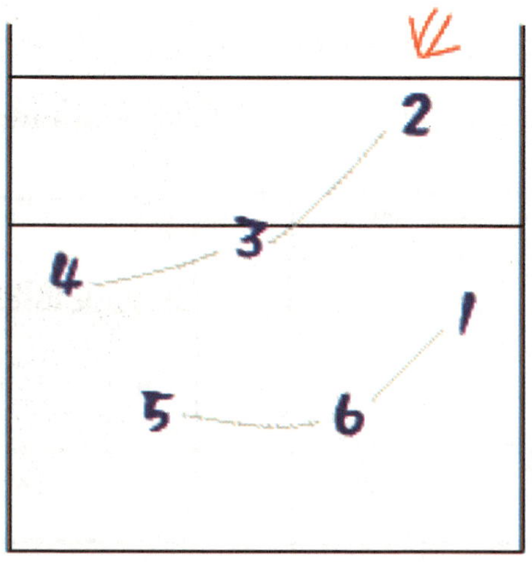

“四二”配备的优点：

1. 在进攻和防守时，每次轮换防守和进攻，都能够安排到两个人在前方进攻并且有一个二传队员在前方接应。这样的排布能够帮助队伍稳定地发挥进攻的力量。

2. 如果这两名二传队员都有足够的进攻意识并且能够很好实行，每一个轮次都可以插上，那么就跟两位进攻队员组成三点进攻，大大加强了进攻威力。

“四二”配备的缺点：

1. 这个配备有两名二传的队员，要求我们所有的进攻队员去适应两人不同的传球技术。因为每个人都不会做出一样的动作和球路，所以就难免会出现配合不够默契的现象。

2. 一个队要培养出两名高水平的二传队员比较困难，而且又要求他们具有进攻能力就更不容易。

“五一”配备

即五个进攻队员和一个二传队员。这种配备的形式主要是通过多主攻队员，能够增强其网前的控制力，包括扣球进攻和拦网防守。并且这种多个点进攻的形式，能够补足二传队员反应滞后面临的被动，这样多个进攻队员都可能处在接应二传队员的位置上，能够将集体的进攻能力发挥到淋漓尽致，并且现阶段很高水平的队伍都采用了这种排布方法，这种配备的优势可见一斑。

“五一”配备的优点：

1. 首先对于一个球队而言，培养一个二传队员所需要的资源和人力就相对“四二”中的两人要少得多，能够将团队的资金和人力物力多注重在其他方面的建设。

2. 当二传队员轮转到后排，前排有三个进攻队员，可以加强进攻和拦网的力量。

3. 一名二传队员，其特性单一，会被所有队员所熟知，并且一个队员能够去适应多个人较易融入团队。

“五一”配备的缺点：

1. 当二传队员轮到前排时，有三个轮次只有两点进攻。

2. 防反时，二传队员轮到后排要插上传球难度较大。

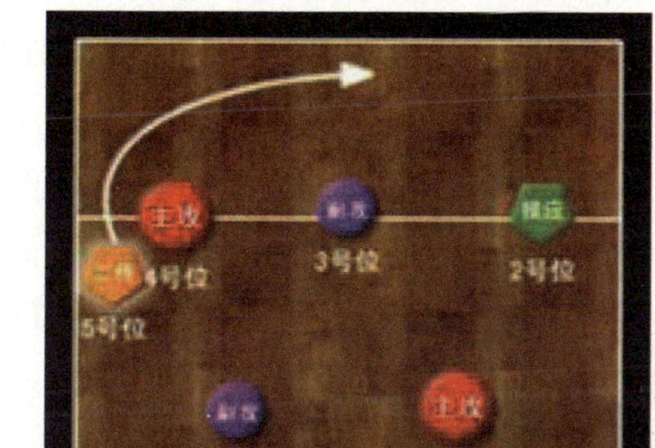

初学者的阵容配备

作为一项竞技运动，所有的团队水平都不统一。以上两种排布的方式主要在职业队伍中出镜率较高，我们以娱乐作为第一目的的初学者可能就没有这么好的配合意识，往往就不能够发挥好这两种战术的排布。所以就出现了下面这种适应水平较低的比赛排布方式。

1. 在轮转的时候，始终保持 3 号位的队员作为二传球员。原因是这样的：我们作为初学者，传球的指向性和准确性都没有职业选手那

么强，所以当3号位作为二传队员时，能够将球传给身旁较近的2号和4号位，这样能够减少因为换位时所擅长的技术不同而产生的不必要的失误，这样能够提高我们队伍的防守，并且能够更好地去组织进攻，让队伍在比赛中的胜率大大提升。同时也更能够培养出队员之间的配合能力，加强团队的默契。

2. 有时候物极必反，所以在排布上要将全队的人员分布较匀称，这样不至于在进攻时忽略了防守，避免发生顾此失彼的情况。

3. 同样即使是业余选手也有技术的差异，在进攻和防守时，多注重把球传给技术较好的球员，能够发挥好球员的攻击能力。

❖ 如何挑选队员

挑选队员主要分为：二传队员、主攻队员和副攻队员三种：

1. 二传队员作为队伍进攻防守的核心，其任务主要就是配合队友去组织各种各样的进攻战术，为我方进攻队员的进攻扣球提供一个有利的角度和位置，通过这种协助进攻让对方的防守困难不断加大。二传队员是将防守转化为进攻的一个位置，一个二传球员的技术好坏就会直接影响

到进攻和防守的节奏。在选择二传球员的时候，我们应该

着重去发掘心理素质优秀并且能够有很好身体素质的球员；此外技术和意识上就要求二传球员能够有全面的技术补防和技术助攻，意识上能够有很好的战斗意识；二传球员是一个团队的核心位置，拥有一个顽强的性格能够带领队伍在逆境下不断去反击。

2. 主攻队员作为集体最主要的一个进攻位置，需要其在比较困难的网前环境下去选择技术实施进攻。在一场比赛中不可能都去靠着对方的失误得分，所以说我们有一个很好的进攻队员就多了一份得分的把握。在技术角度上来看，我们要求主攻队员能够有很好的弹跳能力，能够完成高空扣球；在力量上，能够很好地控制自己的力道，将扣、吊运用随心得当；作为一个队伍的得分武器，更要求主攻

队员有很好的心理素质，能够在很大的压力下正常发挥自己的进攻能力。

3. 副攻队员是战术进攻的左膀右臂，副攻队员的主要任务是在进攻时应用多种变化的技术将球突破对方的防线，还有在其他情况时积极地走位，为我们的真实进攻手提供一个掩蔽的条件，帮助其进攻战术实施成功；另外就是作为一个拦网的主力出现，因为对方也有着足够的进攻配备，这时面临对方进攻也要去积极地判断和防守，将对方诡异的进攻瓦解。因此，要选择那些身材高、动作灵活、头脑清醒、拦网能力强的队员担任副攻手。

❖ 交换位置

排球场上一旦比赛发球，我们的队员就可以在对方击球之后进行任意移动，由于场上形势紧张，我们的后排队员没有足够的时间跑到前排去进行进攻和防守补位。这时候为了发挥出每个球员的特长，并且去弥补一些球员技术和身体上的不足，我们就需要运用一切运动去加强防守和进攻。所以在这样的条件下，在规则允许的范围内，位置交换的战术也就应运而生了。

前排队员之间的换位

在前排队员换位中，我们最终的目的有两个。一是在进攻中发挥出队员在不同位置的进攻能力，将我们队伍中最有进攻和扣杀能力的队员交换到最有利的位置；二是在防守时，网前拦网对面扣球的位置通常会在网的上部很大一段距离，我们可以将有身高优势和弹跳力好的队员换到相应的防守位置，高质量地完成拦网。这些交换位置的技术是建立在交叉、梯次以及围绕等进攻战术上的，所以团队间联系和配合是实现换位的根本。

后排队员之间的换位

在防守的过程中，我们也要不断调整一传防守队员的位置，将队员本身的特长给发挥出来。其在轮转时可能站在不是很适合自己的位置上，在发球和球落下间隙快速调整自己到最佳位置，这样能够把每个位置的防守都发挥到最好。比如，将善于斜线防守的队员换位到 5 号位；将善于直线防守的队员换位到 1 号位；将吊球防守队员安插到 6 号位。做到专人专防。

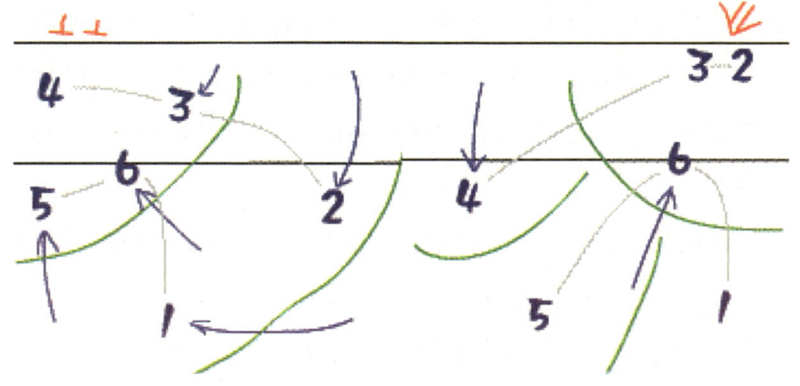

❖ 发送信号

在比赛中队员有时候不方便用言语进行交流，这时候我们就需要用一些肢体语言、手势以及眼神来传达我们的意图。在对方发球时，我们多用特定手势来示意我们的队友采取相应的动作和走位，这样能够让我方队伍做到团结一致的防守。

这些信号是我们在场上能够完成多种多样的战术的重要辅助。有了这些，通过信号联系将彼此的意图表示出来，能够很好地实现进攻。反过来没有这些联系的队伍是很难达到完美的默契的。

在信号的选用方面应该尽可能去采用比较简洁明确的暗号，这样能在释放信号的同时不延误场上的时机；在另一方面，我方信号是为了本方的战术组织，也就需要我们的信号有一定的特殊性和隐蔽性，不会被对方所识破进而预测出我们的战术

动向。

常用的信号联系主要有以下两种：

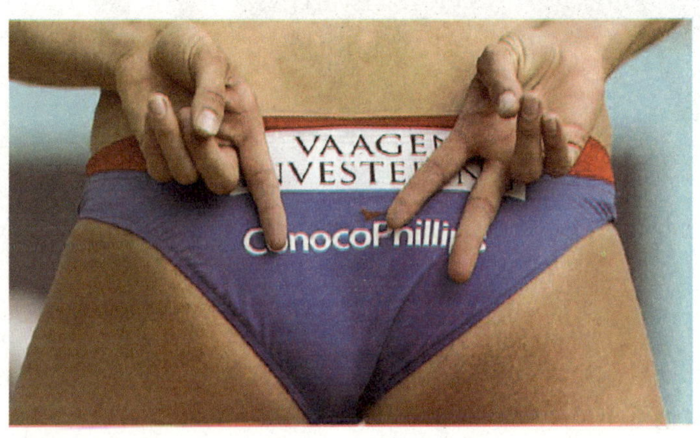

手势信号

我们在赛前以及训练时，经过队伍之间的讨论以及教练的决定，来确定一套固定的手势。在对方发球前，队员间通过手势来商讨使用哪种战术进行防守，并且如何转为进攻，一般此种情况下多由作为团队核心的二传队员来使用。在组织进攻时，发动快攻的球员也可以发动信号向二传球员示意其意图，再由二传队员组织二传给队友提供好的进攻机会。

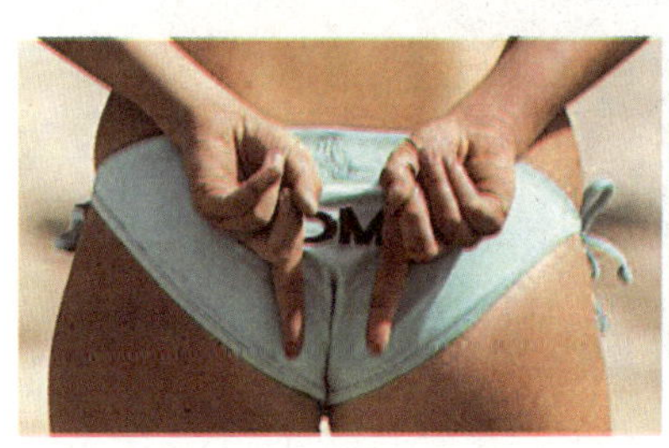

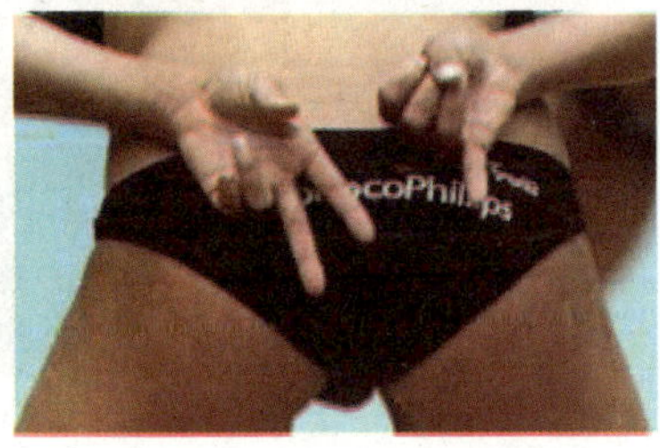

语言信号

语言是我们作为人类区别于动物的一个特点，语言千变万化出现了很多种形式。当我们运用语言信号时，应该能够用一个简短的词去代表我们的意图，首先这个意图能够为队友所理

解，帮助我们完成战术的防守和进攻；第二点就要注意我们的信号的机密性，做到不会被对方猜透，对手一旦了解到我方的信号之后就有可能去预测我方进攻策略，进行有针对性的防守，这就会让语言信号起到反作用。

第五章

排球控——那些你必须要知道的

排球比赛

❖ 运动介绍

排球运动由两队各六名选手组成，现在增设了自由人，该运动的目的在于使击出的球稍高于网前伸出的双手，从而使球落入对方的半场而得分。

每队的球员都有自己固定的位置，三名网前选手和三名靠近底线的选手。每一方击球过网不得超过三次，原则上一名攻击手将和一名队友在网前拦截，阻止球落入本方半场并可以通过拦截直接得分。

简单来说，运动员不得持球，不得连续击球两次。他们可以用身体的任何一个部位击球，但是如果球从球员身上的某一部位弹到另一部位时，将被认作是两次击球，按违例计算。如果球员在界外击球或击球时身体的某一部位触网将被判失分。

❖ 发球

每方的六名球员按顺时针方向轮流发球。每次本队获得发球权后由发球球员在本方半场的右后角将球发入对方半场重新开始比赛。发

球球员可以用上手或下手发球，用拳、伸开的五指或是手臂都可以。发球可以在底线后的任一处开球，但是规则又允许进行跳发球的队员在落下时进入场内。排球可以落入对方半场的任何一处，该发球队员将继续发球直至本队失去发球权。

❖ 得分

在新的得分规则下，一方在获得发球权时同时得分，即所谓的每球得分制。比赛由五局构成。在前四局的比赛中，获胜的一方必须达到 25 分，或在此基础上比对方高出 2 分。在第

五局的比赛中获胜一方只需达到 15 分，或在此基础上比对方高出 2 分。

❖ 自由人

自由人是一名防守专家，可以在后排进行任意的替换，帮助本队抵御对手的进攻。自由人不得发球、拦网或是绕到前排，所以一般由一名身材矮小但是动作灵活、能够迅速倒地救球使得比赛得以继续的球员担纲。自由人可以自由替换，为了易于区别，自由人将穿上与其他球员不同颜色的衣服。

❖ 换人

根据另一项被修改的规则，教练员可以在比赛期间站着向球队发号施令，但是必须在一个特定的区域。包括替换自由人在内，教练在每局的比赛中共有六次的机会替换队员。替补队员可以换下某一名先发队员或再被相同的队员替下。

❖ 其他规则

1. 只有前排的球员方可拦网。

2. 球员可在球越过网之前进行拦截，但是不得触网或是干扰对手。

3. 拦网不算作一次击球。

4. 球不得触网，也不得碰到同队的队友。

5. 每个队在每局的比赛中都有两次的暂停机会。

比赛规则

排球规则是由技术性规定、非技术性规定和场地设备要求等方面的内容组成的。场地设备、比赛的方法，以及参赛人数等方面的规则，规定了排球项目不同于其他运动项目的性质。比赛参加者的权利与责任，比赛的间断及延误比赛，队员的不良行为等方面的规则，规定了排球运动参加者必须在公正和遵守体育道德的环境中进行比赛。规则中大量的清楚的技术定义是排球运动的核心，也是我们必须掌握的基本内容。随着排球运动的不断发展和众多客观条件的需要，规则在对技术性规定的要求上逐渐放宽，趋于简单。这样将更便于人们去了解规则，了解排球。

首先是排球比赛的场地与设备，对于排球比赛的场地与设备，排球规则有着严格的要求。

❖ 比赛场地

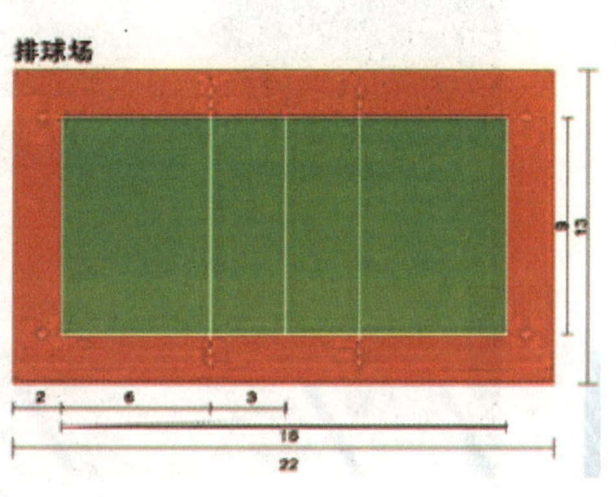

根据国际标准，排球比赛场地分为两部分——比赛场区和无障碍区。标准的比赛场区长 18 米，宽 9 米，在比赛场区的外围是宽 3 米的无障

碍区，但是在一些国际比赛上，特别是正式的比赛场合，比赛场区的边线外的障碍区要超过 5 米，端线要超过 9 米，上方的无障碍空间要在 12.5 米以上。

比赛场地的要求

对任何球类的运动场地来说，地面的平整和干净是非常重要的，因为地面上的一些多余的东西极大可能会对运动员的发挥造成影响，甚至造成身体上的伤害。因此排球场地的地面要求首先必须是平整、干净，可谓是一尘不染的。如果你留心观察的话，在一些正式的排球比赛中，每过一段时间，就会有专门负责清理的人员对场地进行清理。排球比赛场地的材质多是木质或合成物的，无论是什么材料都要达到加大摩擦力的效果。

一般而言，室内比赛场地的地面都是浅色的。比赛场区的

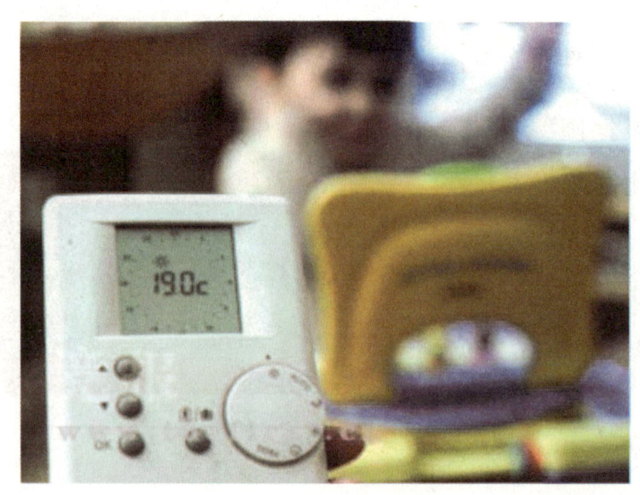

颜色应和无障碍场区的颜色区分开来，分别使用不同的颜色。此外，地界线的颜色应与两个场区的颜色不同，标准的排球比赛场地的地界线是白色的。标准的场地所有的界线宽均为5厘米，其宽度应该被包括在各个场区内。

与其他球类相比，排球对室内的温度并没有严格的要求，但是在适宜的温度下，球员更能发挥出他们的水平。

一般而言，排球比赛场内的适宜温度是最低温度不得低于10℃。在一些重要的世界性比赛中，室内温度就有了比较明确的规定，最高不得高于25℃(77 ℉)，最低不得低于16℃(61 ℉)。场内湿度不可过高，也不可过低。

比赛场地的区域

1. 比赛场区由两个对等的场区构成。两个场区以一条中心线对称分布，这两个场区为长9米，宽9米。

2. 前场区其实简单地说就是进攻区。进攻区以进攻线为界。

❖ 比赛的器材与设备

排球比赛的器材主要有网柱、球网、标志杆和比赛球等。除了这些之外还有一些常用的设备不可缺少。

裁判台

裁判台就是裁判员对比赛进行裁判的地方，设置在排球的场地之外，一般比较高，以便仔细观察。大部分的裁判台都是可以自动升降的。

记录台

记录台就是记录员做比赛记录的位置。记录台一般是可以容纳两个人的座位，多数情况下是一名正式记录员，一名辅助记录员。国家与国家对记录员的规定不一样，在我国，一般只有一名记录员。

长座椅

长座椅是供参加比赛的球员和教练休息时坐的，因此长座椅的长度比较长，一般 3 ～ 4 米。

气压表和气筒

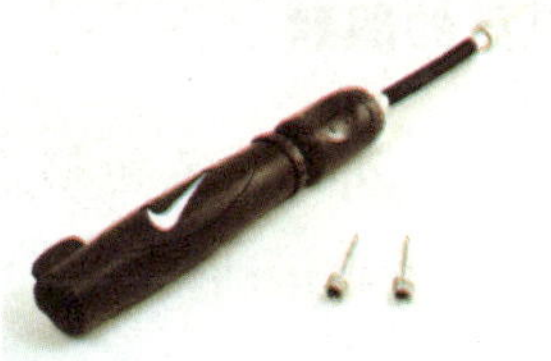

在像排球这种球类的比赛当中，气压表一般都是必不可缺的，因为正规的比赛对球的气压要求很高。球的气压不可过高，更不能过低，否则弹力不足。规则规定比赛球的气压为每平方厘米 0.40 ～ 0.45 千克，所有比赛用球的气压都应该是一样的。而气筒就是在球内气压不足时，供球充气用的。

比赛用球和球架

正规比赛时都是 5 只比赛球放在球架上，根据国际标准比赛一律采用三球制。

换人牌

换人牌是从 1 到 18 号，换人牌一般是两副，用不同的颜色，分别装在不同的盒子里。

计分器

计分器记录比赛双方的比赛分数，计分器还会显示比赛双方的暂停和换人次数。

拖把和小毛巾

比赛时至少要备用六个一米宽的拖把，用来供擦地员使用，去清洁比赛场地的地面。小毛巾是必需备用品，排球运动员在比赛时会耗费大量的体力，这就要有足够的干净的小毛巾来备用，小毛巾的规格一般为长 80 厘米，宽 40 厘米。

❖ 非技术性规定

队员的服装

队员的服装包括上衣、短裤和运动鞋。上衣、短裤和袜子必须统一、整洁并颜色一致。国际比赛中，全队队员鞋子的颜色必须一致，但商标可以不同。上衣的号码必须是 1—18 号，号码的颜色必须与上衣明显不同。身前号码至少为 10 厘米高，身后号码

至少为 15 厘米高，号码笔画宽度至少为 2 厘米。

禁止佩戴的物品

队员禁止佩戴可能造成伤害及有利于人为加力的物品。可以戴眼镜进行比赛，但所引起的一切后果自行负责。

参加者的基本权力

1. 队长

队长在比赛开始前要在记分表上签字，并代表本队进行抽签。抽签获胜者可以选择发球或接发球，或场区。队长在场上时将担任场上队长。只有场上队长可以在死球时同裁判员讲话。场上队长可以请求对规则和规则的

执行进行解释，可请求正常的比赛间断（暂停和换人），可以请求允许更换衣服或器材，核对双方队员的场上位置，检查地板、球网和球等。比赛结束时，他要在记分表上签字承认比赛结果。

2. 教练员

教练员在比赛前要在记分表上检查队员的姓名和号码，并签字。每局开始前，要填写位置表，签字后交记录员或第二裁判员。比赛中，他应坐在靠近记录员一端的球队席上，他可对场上队员进行指导，但必须是坐在球队席上或在准备活动区内，并不得干扰或延误比赛。

3. 队员的替换

每一局每队最多可替换六人次，一名队员离开比赛场地，而由另一名队员上场占据他的位置为一人次替换。在一次换人中可以同时替换一人或多人。替补队员每局只能上场比赛一次，如某一队员受伤不能继续比赛时，必须进行合法的替换。如果不可能进行合法替换时，可采取特殊的替换。如某队员被判罚出场或取消比赛资格时，必须进行合法的替换。如果不可能进行合法替换时，则判该队阵容不完整，阵容不完整的队保留其所得分数和局数。

4. 比赛间断

正常的比赛间断为暂停和换人。在比赛成死球时，裁判员鸣哨发球前，教练员或场上队长用相应的手势请求间断。一次或两次暂停可以与双方的各一次换人相连续，中间无须经过比赛过程。同一队未经过比赛过程不得连续提出换人的请求，但在同一次换人请求中可以替换两名或更多的队员。一次暂停的时间为 30 秒，但在世界比赛中，采用技术暂停的方法，即比赛中，当比分至 5 分和 10 分时，便为技术暂停，时间为 1 分钟，在每局中，球队还有一次暂停的机会，时间为 30 秒。暂停时，比赛队员必须离开比赛场区到球队席附近的无障碍区。

5. 延误比赛

延误比赛的行为是：换人延误时间；在裁判员鸣哨恢复比

赛后，拖延暂停的时间；请求不合法的替换，在同一局中再次提出不符合规定的请求；场上队员拖延比赛的继续进行。延误比赛为全队的行为犯规，同一局中第一次延误，应判延误警告，再次出现则判延误判罚。

6. 不良行为

球队成员对裁判员、对方队员、观众或同队队员的不良行为，主要分为四种。

非文明行为：比赛参加者违背了道德原则，采取不文明的举止，对裁判员、对方队员或观众具有侮辱性的行为。

不道德行为：比赛的参加者对裁判员的判断结果进行抗拒、争辩或者威胁对方队员等行为。

侮辱行为：对裁判员、对方队员或观众进行诽谤、侮辱或人身攻击。

攻击行为：企图攻击裁判员、对方队员或观众的暴力行为，或者故意给对方队员造成身体伤害的行为。

❖ 技术性规定

发球

发球队员必须在第一裁判员鸣哨 5 秒钟内，将球抛起或持球手撤离，在球落地前，用一只手或手臂的任何部分将球击出。如球未触及发球队员而落地，则被认为是一次发球试图。在发球试图后，第一裁判员应及时鸣哨允许再次发球，发球队员必须在再次鸣哨后的 3 秒钟内将球发出。发球队员在击球时或击球起跳时，不得踏及场区（包括端线）或发球区以外的地面。击球后，可以踏及或落在场区内或发球区以外。在每一次发球时都允许有一次发球试图。

队员的场上位置

在发球队员击球时，双方队员必须在本场区内各站两排，每排三名队员。发球队员不受场上位置的限制。队员的位置是根据其脚的着地部位来判定的，每一名前排队员至少有一只脚的一部分，比同列后排队员的双脚距中线更近;每一名右边（左边）队员至少有一只脚的一部分，比同排中间队员的双脚距场地的右（左）边线更近。在发球队员击球的一刹那，场上队员脚的着地部位必须符合其位置要求。在发球后，队员可以在本场区和无障碍区的任何位置上。

网下穿越

在不妨碍对方比赛的情况下，允许队员在网下穿越进入对方空间。允许队员的一只脚或双脚越过中线触及对方场区的同时，脚的一部分还接触中线或置于中线上空。除脚以外，不允许队员身体的任何其他部分接触对方的场区。在比赛中断后，队员可以进入对方场地。

触网

新规则规定触网为犯规，但队员在无试图击球的情况下偶尔触网不算犯规。所谓无试图击球，意指已经完成了击球动作和击球试图。如完成扣球动作或掩护扣球动作之后，偶尔触网则不算犯规。

进攻性击球

进攻性击球指除发球和拦网外的其他所有直接向对方的击球。当球的整体通过球网的垂直面或触及对方队员，则完成了进攻性击球。前排队员可以对任何高度的球完成进攻性击球，但触球时必须在本场地空间。后排队员则允许在后场区对任何高度的球完成进攻性击球，但起跳时脚不得踏及或越过进攻线，击球后可以落在前场区。如果后排队员在前场区完成进攻性击球，在触球时，球的一部分必须低于球网上沿。

拦网

拦网是指队员靠近球网，将手伸向高于球网处阻挡对方来球的行动。

触及球的拦网行动则完成了拦网。只有前排队员允许完成拦网，后排队员不得完成拦网。如后排队员将球拦回，则

为犯规。如拦球到本方场区，则为本队的第一次击球。前排队员的拦网触球不算作本队的一次击球，因此本队拦网后还可以再击球三次。拦网时，队员可以将手或手臂伸过球网，但不得影响对方击球，过网拦网触球应在对方队员完成进攻性击球之后。在一个拦网动作中，允许球迅速而连续地触及一名或更多的拦网队员。

比赛中的击球

规则规定队员的身体任何部位都允许触球。但球必须被击出，不得接住或抛出，球可以向任何方向反弹，如果队员违反了上述规定，则判为持球。

规则规定球必须同时触及身体的不同部位，如果球先后触及队员身体的不同部位，则为连击犯规。但是在拦网动作中，允许同一队员或同一拦网中的不同队员，在一个单一的动作中连续触球。在球队的第一次击球时，允许队员身体的不同部位在同一击球动作中连续触球。第一次击球指接发球、接进攻性击球、接本方拦起的球和接对方拦回的球。而在本队第二次和第三次击球时，则不允许球连续触及身体的不同部位。

规则虽然由以上三个部分组合而成，但它们是一个整体。我们在掌握每部分内容的同时，更要将三部分的内容有机地结合起来。这样才能更好地了解规则，理解规则，以至更好地去执行规则。

排球裁判

全国排球联赛是国家体育总局组织的年度最重要的排球赛事之一，所有参赛裁判员除在生理和心理上做好履行其裁判职责的准备外，还必须十分理解其工作对发展中国排球运动的重要意义。

裁判员在一场比赛仅仅以规则作为判断的基础来指挥比赛是不充分的，因为裁判员不能机械地运用规则，而需要具有杰出的能力，这种能力可通过参加多年排球比赛的个人亲身经验而获得。裁判员要认识到，他不是比赛的局外人，而是比赛不可缺少的一部分。因此，他不应以警察的方式进行裁判工作，只注意运动队和队员技术或行为上的各种犯规并予以相应的处罚。相反，他必须是一名专家和朋友，始终为比赛和运动员工作，只有在非常必要的时候，他才可做出中断比赛的判决。

裁判员不应在比赛中炫耀自己，而只在必要的时候介入比赛。这样的态度为当代排球运动所必需。比赛时，观众不愿总听到裁判员判断的哨音，而是希望看到运动员和运动队为了争夺每一回合的胜利而进行的精彩比赛。现代排球应具有观赏性，不只现场的观众，如今通过媒体每个人都会欣赏到精彩的体育

表演。当今，高水平的排球运动不仅仅是满足运动员的比赛需要，而是要使其在全国范围内推广。

优秀的裁判员从不突出个人在比赛中的作用。裁判员不可在比赛中充当领导角色，否则，不但违背了中国排协的要求，并且妨碍了比赛的正常进行。对于运动队和运动员在规则允许情况下所表现出来的精彩动作和行为，裁判员必须予以鼓励。此外，裁判员的举止行为应具模范作用，并应同运动员、教练员保持一种良好的关系，同时裁判员应对运动队作风进行严格管理，对明显的违纪和不良作风应坚决制止，不能姑息。

联赛组委会要求所有参加联赛执法的裁判员，应认真细致地学习排球规则和裁判工作指南，以使该项比赛顺利进行。

❖ 延误

裁判员应禁止参赛者一切有意或无意延误比赛的行为。

1. 针对一方不符合规定的请求，如果这些请求没有影响到或者延误比赛，裁判员应拒绝。在同一场比赛中接连重复发生这种行为视为延误比赛，裁判员可以给予“延误警告”的手势。

2. 如果一方在一场比赛中第一次发生延误比赛情况，裁判员判为“延误警告”。紧接着发生第二次延误的情况，或随后又出现延误，裁判员出示黄牌 1 次，表示“延误判罚”。这种处罚是对全队行为的犯规处罚。

3. 下面我们说一下不符合规定的请求。例如，某队教练员在比赛进行时，或裁判员鸣哨发球时或鸣哨发球后请求暂停，前提是此请求并没有影响到比赛的，裁判员可拒绝，不同意此请求，同时不对该方进行任何形式的处罚。但是以下这种情况除外，如果该方在同一场比赛当中，不符合规定的请求又一次出现时，裁判员应认为“延误”比赛，判“延误警告”的处罚。

4. 如果运动队故意拖延比赛，裁判员应视为延误，给予相应的处罚。

我们再举一个在排球比赛中常用的延误比赛的例子：

一方的运动员以换人为理由请求裁判员暂停比赛，这就被认为是延误比赛。如果同一场中再次以换人、暂停、系鞋带、擦地板为理由要求暂停比赛的，视为延误。第一次裁判员提出延误警告，第二次应给予“延误判罚”。

5. 普通暂停和技术暂停

普通暂停一般只持续 30 秒钟，在每一小局比赛中，每队都允许有 2 次暂停的机会，应由教练员或场上队长用指定手势向裁判员请求。

在第一局到第四局，当比赛进行到 8 分和 16 分时，双方都有持续 30 秒钟的技术暂停，这时多是教练员对队员刚才的表现简单地指导一下。在此之外每队还有两次也是持续 30 秒钟的普通暂停。一定要注意的是在暂停时，所有的队员必须都离开比赛场区，回到各自的球队席处，这样是为了方便擦地员清洁地面，保持地面的干净整洁。

❖ 针对触球规则

根据当前国际上的最新排球规则，当球员在击球时，球必须被击出，不可以将球接在手里或抛出，当然击出的球是任意的，根据队员的意图而定。这就要求裁判员必须能够清楚地判断出是击球，还是持球。击球是将球直接击出，没有停留，而持球是想将球接住，与击球最大的区别是持球期间有停滞，裁判员当判断一方确实出现持球时应鸣哨暂停比赛。因此裁判员必须很好地了解击球的稳定性，但需注意的是队员在击球时不得随意用手改变球的方向。

还有一些不符合规范的拦网动作，例如运动员在拦网时握球或抛球，裁判员也应该判为“持球”。

在比赛中，难免会出现持球犯规的情况。当运动员在特殊的情况下击球，裁判员应具体问题具体分析，适当降低持球犯规标准。

球网附近的击球

运动队在网上的争夺是激烈的，这就非常考验裁判员的眼力，特别注意运动员触手出界犯规的情况。

比赛中的一些基本纪律

裁判员的最终目的是保证比赛公平公正顺利进行，因此只是对一些严重影响比赛或者明显的犯规行为做出判决，而并不对那些细小问题进行过多的纠缠。这就要求裁判员首先应对不良行为和非不良行为进行明确的区别。一般来说，由第一裁判员对运动员不良行为行使处罚。在下面我们还会提到第二裁判员的职责。

比赛中的不良行为

首先，裁判员在死球时鸣哨，然后示意犯规队员到裁判椅前，向他出示黄（红）牌，明确地告知他被判罚或取消比赛资格。但对于轻微的不良行为，裁判员可以通过对队长用手指或语言对其警告。

接着，第二裁判员确认犯规行为，示意记录员记录该队员的处罚结果。但是如果记录员自身认为第一裁判员的判定并不符合排球比赛规则条文，或者与处罚规则规定不符合时，他有权立即通知第二裁判员，第二裁判员核查过后，确实发现不符时，应立即通知第一裁判员。因此第一裁判员必须纠正他的前一判定。如果他不接受记录员和第二裁判员的意见，记录员必须在记分表的备注栏内记下这一情况，以等待比赛中止时及时处理。

针对场下队员的不良行为，第一裁判员必须鸣哨，通知场上队长到其面前，出示相应的黄（红）牌，告知该队员被判罚，在严重情况下取消比赛资格。场上队长应立即通知这名队员，这名队员则必须站起来并举手承认处罚。当该队员举手时，第一裁判员应通知双方运动队、第二裁判员、记录员和观众等其他人员，并以醒目的方式出示黄（红）牌，使双方运动队、第二裁判员、记录员和观众都能立即知道处罚的情况。

❖ 球队席的要求

一般而言，一个队由正式队员、备选队员、一名教练员、一名助理教练员加上一名医生构成。

第一裁判员首先必须清楚场上队长和教练员、备选队员，根据他们不同的职权，在比赛中给予他们不同的权利。在正式比赛中，教练员、助理教练员和医生也必须穿着经过赛事组委会规定的统一制成的本队运动服。

教练可以在比赛当中、本队球队席前，在一定范围内，不超过进攻线直至准备活动区的无障碍区内，在不干扰比赛情况下指导当前比赛。但一定需注意的是不得影响比赛的正常进行。

同队的成员在比赛时可以同场上队员讲话，进行指导，他们可以为队员的得分、队员的出色表现喝彩、欢呼，也可以坐在球队席上，或站在准备活动区内向同伴喊叫。

除了第一裁判员之外，我们再来说说第二裁判员应注意的事项。

第二裁判员在比赛之前要依据运动队的位置安排表，认真核对队员的位置，并且在比赛当中，不时地观察队员的位置是否正确。记录员这时应协助第二裁判员，必要时通知第二裁判员队员所应该在的号位。

❖ 比赛仪式

裁判员必须在赛前、赛中和赛后执行正式的比赛仪式。

赛前，裁判员应仔细检查球网的高度、松紧度、标志杆和标志带的位置，判断是否符合排球比赛的标准。接着，第一裁判员组织双方队长选择初次排球比赛的所占位置，宣判最终的选边情况。接下来第一裁判员宣布正式准备活动的时间，一般为 15 分钟。

第一裁判员鸣哨，做出正式准备活动开始的手势，准备活动正式开始，两队先自由练习大约 5 分钟的时间，然后是两队的互相练习。

裁判员检查比赛的必用器材。排球、小毛巾、队员服装和所有其他比赛必用的器材等是否合格。第二裁判员和记录员可以协助检查。裁判员向司线员、捡球员、擦地板等工作人员提出工作注意事项，直到一切准备就绪。

第二裁判员应把有教练员签字的位置表交给记录员并在记录表上进行登记。其中一张由技术代表审查后交给电视台。

两队的教练员应把第一局的位置表交给第二裁判员。

第一裁判员在时间结束时鸣哨终止准备活动，并与第二裁判员一起到技术代表前请示比赛是否开始。

第一裁判员鸣哨后，比赛队应立即停止准备活动回到队员席。如果需要换衣服，应迅速到比赛场地外更换，所有比赛队员应着正式比赛服装在队员席处就座。

宣布比赛开始并奏唱国歌。

两名裁判员分站在场地中央球网两侧，面向摄像机和记录台。

在裁判员的带领下，每队 12 名队员入场，排横队站在场地的中央，面向记录台。

广播员宣布比赛名称，奏唱国歌。

奏唱国歌后，第一裁判员鸣哨，双方队的队员在球网两侧握手致意。裁判员回到记录台前。

短暂奏乐后，第一、二裁判员入场，分列球网两侧面向记录台。被介绍完毕后，第一裁判员登上裁判台，第二裁判员回到记录台前。

广播员介绍裁判员及比赛队。（当第一裁判员登上裁判台后，重放短乐）

短暂奏乐后，首发队员和自由人坐在队员席上被依次介绍后挥动手臂上场（此时替补队员应在准备活动区），然后介绍主教练、教练员。介绍完毕后两队站好场上位置。

介绍运动队完毕后，第二裁判员把两个比赛球交给捡球员，然后按位置表核对双方上场 6 名队员的位置。当核对完毕并看到记录员也核对位置完毕后，把比赛球给发球队员。

❖ 0分钟比赛开始

第一裁判员看到一切准备就绪后鸣哨发球。

在每局比赛结束时，两队 6 名比赛队员站在本场区端线处，在第一裁判员做出交换场区的手势后，运动员交换场区。当运动员越过球网，便可直接回到球队席处。

在第一裁判员鸣哨结束本局最后一个回合时，记录员应开始记录这一局的休息时间。

当记录的时间到达时，在第二裁判员示意下，双方球员按位置表的顺序站好场上位置。

第二裁判员核对场上位置。

捡球员把球交给发球队员。决胜局由第二裁判员把球交给发球队员。

第一裁判员鸣哨开始比赛。

❖ 4—5局间的休息

第四局比赛结束时，两队6名比赛队员站在本场区端线处，第一裁判员鸣哨后，运动员直接回到球队席处。

决胜局休息时，双方队长到记录台前选边。

裁判员在记录台前进行挑边。

当记录的时间到达时，记录员按响蜂鸣器。

当记录的时间到达时，在第二裁判员的示意下，双方球员按位置表的顺序站好场上位置。

第二裁判员核对场上位置，然后把球交给发球队员。第一裁判员鸣哨开始比赛。

每次暂停时，第二裁判员应要求运动员离开场地，以便擦地员擦地板，保持场地的清洁。

在比赛结束时，每队6名比赛队员回到各自的端线处，第一裁判员示意后，运动员到网前相互致意，并离开比赛场区，回到本队的球队席处。

两名裁判员站在第一裁判员一边的边线处，待运动员相互致意后，退场到记录台处进行结束工作。

❖ 工作程序

1. 到达时间

裁判员必须在比赛的前一天携带自己的正式裁判服到比赛举办城市的指定集合地点报到。

2. 集训

一般在比赛前所有的裁判员、记录员、司线员和捡球员都要参加集训，再次强调此次比赛的注意事项。

3. 总结与评比

在结束比赛后，专门的领导或技术人员要对此次的裁判工作进行评价，评论裁判工作的成功和失误之处，使裁判工作更加公正、公平。

4. 接受任命通知

所有裁判员会接收到组委会的任命通知单，按照通知单按时参加工作。

5. 此外还有一项重要事项就是进行酒精检查。

排球名将

在排球史上出现了无数优秀的排球名将，他们的事迹可歌可泣，他们创造了一个又一个传奇，在排球史上留下了光辉的一页。提到排球名将，不得不提曾经创下五连冠的那些优秀的中国女排队员。

❖ 孙晋芳

1976 年被选入国家排球集训队，任中国女排队长。比赛经验丰富，能传、吊、扣，是组织快攻多变战术的核心，战术意识强，曾多次参加国际比赛，为世界著名二传手。其所在队于 1977 年第二届世界杯赛中获第四名，1978 年第八届世界女排锦标赛获第六名，同年参加第八届亚洲运动会女排比赛获亚军，1979 年第二届亚洲排球锦标赛

获冠军,1981 年在第三届世界杯赛中首次获冠军（个人获“最佳运动员”“优秀运动员”和“最佳二传手”奖项），1982 年获第九届世界女排锦标赛冠军和第九届亚洲运动会女排比赛冠军。1980 年获运动健将称号。1981 年、1983 年获国家体委颁发的体育运动荣誉奖章。

1981 年、1982 年被评为全国十名最佳运动员之一。1983 年任江苏省体委副主任。1984 年被评为中华人民共和国成立 35 年来杰出运动员之一。在她的带领下，中国女排获得了“三连冠”“五连冠”。

她是中国队队长、主力二传手。她在场上反应灵敏，应变力强，能根据场上的变化、队友的特点和要求，准确地传出不同高度、位置和时差的球，不失时机地组织进攻和防守，是中国女排“场上的灵魂”，世界最佳二传手之一。

❖ 周晓兰

女，1957 年出生在江苏南京，中国著名的排球运动员。周晓兰是跟孙晋芳、张蓉芳、郎平同时代的女排明星，在第 23 届奥运会上，协助女排赢得冠军。由于有一身过硬的拦网功夫，周晓兰有“天安门城墙”的美誉。

周晓兰 1973 年入业余体校进行排球训练，同年被选入山西女子排球队，1977 年被选入国家青年排球集训队、国家排球集训队。

周晓兰在上海体育学院毕业后，1988 年进入国家体委，出任排球处长。周晓兰一上任便改革排球运动管理体制，改进训练和比赛组织形式。

1995 年年初，周晓兰代表中国排协，动员正在美国读书的前队友郎平回国出任女排主教练。1995 年，已是体委系统最年轻的副司级领导。1995 年辞去公职，随丈夫、前中国男排队员侯晓非定居美国。最初，在乔治华盛顿大学做排球教练，后在马里兰州爱德华市的一家医疗器材公司做工程师，目前是公司部门负责人。周晓兰现定居在马里兰州，并已是两个

孩子的母亲。周晓兰和她的中国女排在20世纪80年代里，以敢打、敢拼、敢抢的拼搏精神，在世界排坛上连夺五次冠军，成为“五连冠”。

这是排球运动史上的奇迹。而女排精神也鼓舞了一代中国青年以拼搏和奋发的干劲在各个领域做出了成绩。那段辉煌对于如今三四十岁的人们来说，并不陌生。在老女排中，周晓兰的“天安门城墙”跟郎平的“铁榔头”交相辉映。

尽管她们现在都已老去，但是她们为国争光，不断超越自己的精神，永远会激励着她们的下一代，不断地向前，再向前。

❖ 赵蕊蕊

赵蕊蕊，中国女排的“第一高度”，在2003世界杯的技术统计排名上，赵蕊蕊的扣球列第一，拦网列第二，得分列第六，拥有1.96米的身高，扣球出手点高，同时又擅打快球，拦网能力也很出色，2002年的一次重伤几乎毁了她的职业生涯，但是近年来进步神速，成为队中头号得分手。

北京奥运会后，赵蕊蕊退役，一代天才副攻手就此淡出世界排坛。赵蕊蕊曾经被女排界誉为“世界第一副攻”，2003年时处于巅峰状态的她至今仍无其他副攻可超越。虽然赵蕊蕊伤愈复出后实力较之前大打折扣，未能重现当年所向披靡之势，但是作为一代世界名将，她在黄金一代的战斗生涯中还是留下了浓重一笔。

第六章

排球——永不熄灭的竞技火焰

前文已经相对全面地为大家介绍了排球这项伟大的运动，然而作为一项深受世界人民喜爱的运动，如果仅有这些还是远远不够的。排球运动的独特魅力还在于它激烈的比赛对抗，顽强的竞技精神，睿智的战略安排，默契的团队配合以及不屈的坚强意志等。下面让我们从真正的赛场来触摸排球。

目前在国际上大型的正式排球赛事主要是 3 项：奥运会、世界杯和世界锦标赛。此外这几年活跃在赛坛上的还有世界男排联赛、世界女排大奖赛和瑞士女排精英赛。下面我们重点为大家介绍奥运会、世界杯和世界锦标赛三项正式的世界级排球赛事。

奥运会排球赛

1964 年，在东京举行的第 18 届奥运会上，排球运动第一次被列为奥运会的比赛项目。奥运会是世界最高水平比赛，每四年举行一次。有资格参加的队是：各洲的冠军队、主办国的代表队、上一届世界排球锦标赛的前三名，还有由国际排联直接管辖的预选赛产生的三支球队，加起来共 12 支球队。

竞赛方法：先分组循环，获得前两名的队进行交叉赛，但竞赛方法也根据场地、时间等情况而有所变动，每次比赛事先由国际排联研究决定。

❖ 历届奥运会排球赛冠亚军名单

届次	女子冠军	女子亚军	女子季军	男子冠军	男子亚军
第十八届	日本	苏联	波兰	苏联	捷克
第十九届	苏联	日本	波兰	苏联	日本
第二十届	苏联	日本	朝鲜	日本	德国
第二十一届	日本	苏联	韩国	波兰	苏联
第二十二届	苏联	德国	保加利亚	苏联	保加利亚
第二十三届	中国	美国	日本	美国	巴西
第二十四届	苏联	秘鲁	中国	美国	苏联
第二十五届	古巴	独联体	美国	巴西	荷兰
第二十六届	古巴	中国	巴西	荷兰	意大利
第二十七届	古巴	俄罗斯	巴西	南斯拉夫	俄罗斯
第二十八届	中国	俄罗斯	古巴	巴西	意大利

世界杯排球赛

这项赛事的前身是“三大洲”排球赛，即亚洲、欧洲、美洲三大洲。1964 年国际排联将其更名为“世界杯”排球赛，并决定于 1965 年 9 月在波兰举行第一届世界杯男子排球赛，1973 年在乌拉圭举办了第一届世界杯女子排球赛。世界杯是由全球一流水平的男、女球队参加的国际性的排球比赛，每四年举办一次。并在 1991 年世界杯赛被改为在奥运会的前一年举行，相当于奥运会的资格赛。获得前三名的队伍将有资格进入奥运会。

世界杯的参赛资格是：举办国、当年举行的各大洲锦标赛的冠亚军、下一届奥运会的举办国总共 12 队。竞赛方法：采用单循环制进行。

❖ 历届世界杯排球赛前三名单

届次	女子冠军	女子亚军	女子季军	男子冠军	男子亚军	男子季军
第一届	苏联	日本	韩国	苏联	波兰	捷克
第二届	日本	古巴	韩国	德国	日本	苏联
第三届	中国	日本	苏联	苏联	日本	古巴
第四届	中国	古巴	苏联	苏联	古巴	巴西
第五届	古巴	苏联	中国	美国	苏联	捷克
第六届	古巴	中国	苏联	古巴	意大利	苏联
第七届	古巴	巴西	中国	苏联	古巴	美国
第八届	古巴	俄罗斯	巴西	俄罗斯	古巴	意大利
第九届	中国	巴西	美国	巴西	意大利	塞黑

世界排球锦标赛

世界锦标赛是由世界排球联合会主办的国际排球比赛，它是排球最早的、最大规模的世界性比赛，每四年举行一届，影响巨大，受到各国的普遍重视。原与奥运会同年举行，后在1962年起改在奥运会后第二年举行（女子第五届除外），冠军获得者可直接参加下届奥运会。第一届世界锦标赛始于1949年，最初只有男子比赛，女子比赛到了 1952 年才开始举办。最开始比赛并没有洲际球队数量的限制，即凡是提出参赛申请的队，都可获得参赛资格；但从 1986 年（男第十一届，女第十届）国际排联规定只允许 16 个队参加世锦赛，这是因为排球运动已逐渐成为一项世界性的热门运动，越来越多的国家希望获得参赛资格。具体参赛资格为上一届比赛获得第 1 名到第 7 名的 7 支球队，举办国 1 个队、五大洲锦标赛 5 个冠军队、最后资格预定赛（巡回优胜杯）的前 3 名共 16 支参赛队伍。1994 年国际排联对世锦赛的参赛资格做了修改。对国际排联直

接举办的最后资格预选赛，从取原来的前 3 名增加至前 9 名有资格参加比赛。取消“世锦赛前届比赛 2 ～ 7 名有参赛资格”的规定。

竞赛方法：比赛分预赛、复赛、决赛三个阶段进行。预赛分四个小组进行循环赛，每个小组第一名参加决赛，每个小组第二名在复赛中再抽签决定对所有小组的第三名，胜者四个队参加决赛，负者四个队经淘汰决出 9 ～ 12 名。预赛中分组的第四名抽签进行循环赛决出 13 ～ 16 名。决赛阶段，分组第一名的四个队再抽签分两组赛一场以排定座位，再与复赛中的两个队（也抽签排位）进行四场对抗，胜者采用淘汰制决出前四名，负者采用淘汰制决出 5 ～ 8 名。采用这种新的竞赛方法，使竞赛变得更加紧张激烈。

❖ 历届世界排球锦标赛前三名单

届次	女子冠军	女子亚军	女子季军	男子冠军	男子亚军	男子季军
第一届	苏联	波兰	捷克	苏联	捷克	保加利亚
第二届	苏联	罗马尼亚	波兰	苏联	捷克	保加利亚
第三届	苏联	日本	捷克	捷克	罗马尼亚	苏联
第四届	日本	苏联	波兰	苏联	捷克	罗马尼亚
第五届	日本	美国	韩国	苏联	捷克	罗马尼亚
第六届	苏联	日本	韩国	捷克	罗马尼亚	苏联
第七届	日本	苏联	韩国	德国	保加利亚	日本
第八届	古巴	日本	苏联	波兰	苏联	日本
第九届	中国	秘鲁	美国	苏联	意大利	古巴
第十届	中国	古巴	秘鲁	苏联	巴西	阿根廷
第十一届	苏联	中国	美国	美国	苏联	保加利亚
第十二届	古巴	巴西	俄罗斯	意大利	古巴	苏联
第十三届	古巴	中国	俄罗斯	意大利	荷兰	美国
第十四届	意大利	美国	俄罗斯	意大利	南斯拉夫	古巴

那些曾经的感人瞬间

❖ 为了救球撞倒广告牌的男排运动员

2008 年的北京奥运会，中国队对战日本队时，由于双方实力相当，在前四局都打成了平手，于是第五局的比赛更显得尤

为重要，双方亦是分分必争。有一次，日本队把球推到了我方，在球快要落地，人们都不抱希望的时候，我方一名运动员不顾一切地扑倒在地，成功地救起了这一球，却很不幸地把球推到了赛场边缘。就在这时，另一位运动员飞快地跑向了赛场边缘，也就是广告牌的所在地，于是球被救起来了，而广告牌也被我们的运动员扑倒了。

最终，在这次比赛中，中国队战胜了日本队，而撞倒广告

牌也成了一段美谈，反映了我国运动员的敬业精神，一切为了比赛。

❖ “大梅，你的手肿了没有”

凡是打过排球的人都知道，排球落在手上时给手带来很强的冲击力，过后如果不好好处理，很有可能会肿上几天。但是在比赛当中，队员们不得不一次次地击打，并且为了使击出的球力度更大一些，方向更准一些，运动员们还不得不用更大的力去击打，时间长了，即使有保护措施也还是会很疼。

在奥运的赛场上，观众们心疼场上的运动员，在给她们加

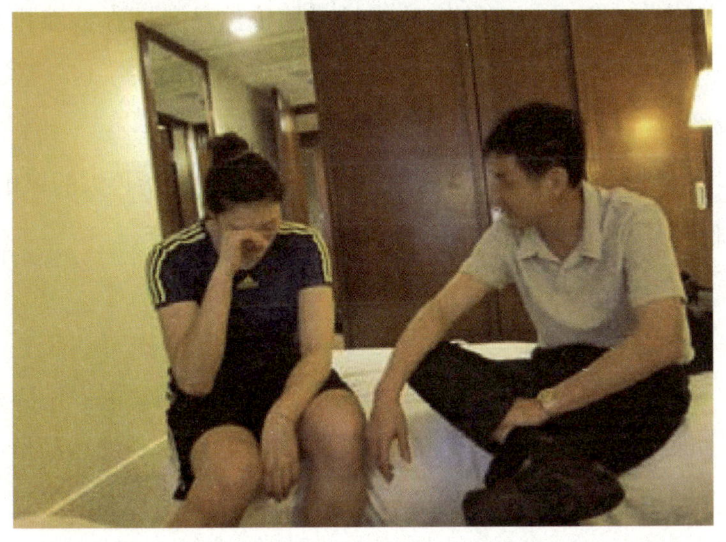

油助威的同时，更是打出了一个“大梅，你的手肿了没有”的标语。在赛场上自成一道风景。

这仅仅是一条标语，但却反映了我们中国人的团结和友爱，关心他人，做自己力所能及的一切。

❖ 大雨中傲然挺立的玫瑰

在 2008 年北京奥运会的沙滩排球赛中，天公不作美，比赛的过程中下起了大雨，但这丝毫没能影响我们中国女排姑娘们的气势。她们在雨中傲然挺立，宛如雨中盛开的鲜艳玫瑰。汗水不停地滑落下来，天上的雨水不断去洗刷，她们扬着头，不知道喝下去了多少的雨水和汗水，却依然专心致志地观察着球的动向，甚至不曾用手去抹掉脸上的水，她们用自己的行动证明了什么是中国人的傲骨。虽然最后以几分之差输给了美国队，但是一银一铜的优异成绩依然是我国在沙滩排球这一领域的一次突破。中国女排也让观众们记住了这一感人的瞬间。

中国人，我们拥有的就是一副傲骨，哪怕经历再大的风雨，我们都是昂首挺胸的姿态。

❖ 浅野久美子

凡是看过 2008 年北京残奥会的人，大概都会记得排球赛场上的那感人一幕。日本女排出场的时候一位特殊的运动员被队友们带上了赛场，她就是——浅野久美子。在比赛前不久的 8 月 12 日，日本女排中最年轻的运动员浅野久美子因为癌症而不幸逝世，于是就出现了只有 11 人的日本比赛队伍。

浅野久美子的去世给她的队友们带来了无比的伤痛，队友们回忆与她生活的点点滴滴，想着她的好，想着她的笑。悲痛过后，面对与荷兰队的首战，日本队的教练和队员做出了一个决定，她们要让浅野久美子和她们一起上战场，带上了她的照片和球衣。于是在排球的赛场上便出现了我们在前边说过的一幕。浅野久美子以她自己的方式，和队友们一起并肩作战。

虽然由于实力悬殊，日本队终以0∶3败给了荷兰队，但这一幕也依然被人们永远地记在了心里，作为对手的荷兰队也对她们给予了足够的尊敬。

战友情，最珍贵，浅野久美子的队友们用她们自己的方式让她和自己一起参加了比赛，无论成败，也哪怕是生死的距离，有了这样的一群队友，还有什么困难是不能战胜的？

❖ 69岁的奶奶级球员

同样是在2008年的北京残奥会上，于9月10日举行的女子坐式排球最后的一场预赛是斯洛文尼亚队对战荷兰队。在斯洛文尼亚队伍当中，队员们的平均年龄已经达到了40岁，其中更是有一位69岁的奶奶级球员——格拉迪塞克。

虽然由于种种原因，格拉迪塞克并没有能够上场参与到比赛中去，但是她在替补席上依然没有闲着，她会时不时地问问自己的队友需要些什么，也会轻轻拍打队友的肩膀对她们进行鼓励。在她们比赛失败而下场时，她更是极力掩去眼中的失望，像是队员们慈祥的奶奶，细声细语地安慰着自己的队友。

比赛结束之后，在场的观众给予这位奶奶级运动员热烈的掌声，以此表达自己对她的尊重。

因为我们来自同一个团队，所以我们都会为自己的团队尽一份力量，只要有心，年龄又算得了什么？